CONSEILS A MON AMIE

SUR

L'ÉDUCATION

PHYSIQUE ET MORALE

DES ENFANS.

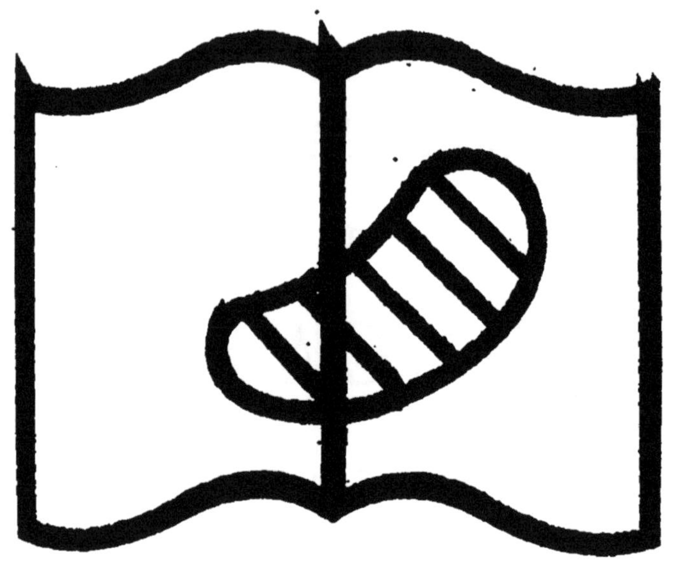

DE L'IMPRIMERIE DE LEFEBVRE,
RUE DE BOURBON, N°. 11.

CONSEILS A MON AMIE

SUR

L'ÉDUCATION

PHYSIQUE ET MORALE

DES ENFANS.

PAR MADAME FABRE D'OLIVET.

> C'est à toi que je m'adresse tendre et prévoyante mère, qui sus t'écarter de la grande route, et garantir l'arbrisseau naissant du choc des passions humaines ! Cultive, arrose la jeune plante avant qu'elle meure : ses fruits feront un jour tes délices.
>
> ROUSSEAU, *Émile*.

A PARIS,

CHEZ DELAUNAY, Libraire, Palais-Royal.
A. EYMERY, rue Mazarine, n°. 30.
BOSSANGE, frères, rue Saint-André-des-Arts, n°. 60.

1820.

PRÉFACE.

On fait une préface à un livre pour donner d'avance au lecteur une idée favorable du sujet que l'on traite et de la manière dont on l'a traité. L'auteur invente très-souvent, à l'aide des licences poétiques, une petite histoire aussi intéressante que possible, qu'il donne pour vraie, et qui répand sur son ouvrage un intérêt d'autant plus grand, qu'elle est plus vraisemblable. Je ne suis pas poète, et je crois que je réussirais mal dans une fiction de ce genre; mais quand bien même je serais assurée du succès, je n'entreprendrais pas, malgré l'autorisation des grands maîtres, de donner au mien un soutient de cette nature. Je n'estime que ce qui est vrai; t je souffrirais en recevant des éloges que je n'aurais pas mérité, ou que je n'obtiendrais que par un subterfuge. D'ailleurs, l'ouvrage que j'offre au public, fait sans aucune prétention, ne traitant que la partie de l'éducation que l'on a coutume de regarder comme indifférente, et ne renfermant pas une seule assertion qui ne soit de la plus simple et de la plus exacte vérité, ne peut rien présenter de séduisant ni d'agréable, même dans sa préface, à la plus grande quantité des lecteurs. En le composant, je n'ai pensé qu'à l'utile, et ce n'est encore qu'à l'utile que je pense en le publiant. Je dirai donc très-simplement, dans cette préface, ce que je crois utile de dire, et je n'imaginerai rien pour fare connaître ou dissimuler ce que je veux taire.

Les motifs qui m'ont fait écrire ce livre sont assez clairement énoncés dans l'ouvrage lui-même pour que je n'aie pas besoin de les détailler ici. Ceux qui m'engagent à le publier sont de plusieurs natures; je parlerai de quelques-uns, et j'en tairai quelques autres. Ceux qui n'ont rapport qu'à moi n'intéressent personne, et je n'en dois pas compte au public; mais je lui en dois un de mes intentions dans le but que je me suis proposé vis-à-vis de lui, et je vais le lui rendre aussi exactement qu'il me sera possible.

Je me nomme en tête de cet ouvrage, non pour acquérir une réputation littéraire que je ne le crois pas susceptible de donner, ni par le désir d'une célébrité qui convient peu à mon sexe en général, et encore moins à mon caractère en particulier; mais parce que je suis convaincue que, dans une chose aussi importante pour la société que me le paraît l'éducation des enfans, on doit répondre entièrement de tous les conseils que l'on donne, et être assez sûr de ce qu'on affirme pour pouvoir le prouver, s'il était nécessaire.

Si, lorsque je commençai ce livre, j'avais eu l'intention de le publier, j'aurais pu, je crois, sans nuire à son utilité, lui donner une forme moins sèche, plus propre à intéresser ou à captiver l'attention, et une division qui en rendît la lecture plus facile : mais, conçu seulement et véritablement pour éclairer et guider une jeune amie, j'ai mis beaucoup plus de soins à tâcher de l'instruire qu'à chercher à lui plaire, parce que j'étais sûre que son amitié et son amour maternel agiraient assez puissamment sur son esprit pour lui rendre mes observations profitables et intéressantes sans le secours d'aucun ornement étranger. Cette persuasion a été cause que je n'ai nullement songé à la forme de mon ouvrage; je ne l'ai examiné que lorsque j'ai pensé à le faire imprimer. Alors ses défauts m'ont paru très-grands, mais il n'y avait plus de remède; je ne pouvais pas le changer sans le refaire entièrement. En le refaisant, je perdais beaucoup de temps; et loin d'avoir la certitude de le rendre meilleur, je pouvais redouter le contraire. Toutes les idées qui le composent, et les faits qui leur servent ou de développement ou de preuves sont tellement fondus et liés, qu'après y avoir réfléchi, j'ai craint de ne pouvoir ni ajouter ni retrancher sans faire tort au fond et à l'ensemble.

J'ai trouvé aussi qu'il paraîtrait fort déplacé de me voir si souvent entretenir le lecteur de moi et de mes enfans; mais ce défaut, ou cette inconvenance, tient à la même cause dont je viens de parler. N'ayant d'abord composé ce livre que pour une jeune dame, que j'aime tendrement, avec qui j'ai vécu dans la plus grande intimité, il était impossible que je n'appuiasse pas mes raisonnemens sur les faits qu'elle connaissait, ou sur ceux qui pouvaient le mieux la persuader ; et si j'avais voulu retrancher tout ce que je lui ai démontré ainsi, je n'aurais pas su où trouver d'autres preuves et d'autres exemples des faits ou des idées que je développe. D'après toutes ces difficultés, il m'a semblé plus prudent de laisser au moins à mon livre le mérite de son originalité, et je n'y ai rien changé. J'ai laissé exister la division que j'avais mise dans l'envoi de mon manuscrit, parce qu'en ne changeant point la forme de l'ouvrage, je n'ai pas vu de moyen d'en substituer une autre ; et, ne sachant comment nommer ces divisions, j'ai pris le parti de les considérer comme de petits volumes d'un ouvrage ainsi partagé, et de les appeler *livre*. Cette dénomination et le titre sont les changemens les plus importans que j'y aie fait.

D'après ce que je viens de dire, et surtout ce que je pense, si je n'avais consulté que la forme de mon ouvrage, je ne me serais pas décidée à le faire imprimer; mais je le crois bon dans son but et dans son principe; j'ai pensé qu'il pouvait être utile, parce que toutes mes observations sont vraies, et mes idées appuyées sur des faits dont je suis certaine. J'ai cru que mon livre pouvait instruire les jeunes personnes qui se marient, et les guider dans les importans devoirs qu'elles ont à remplir. J'ai cru qu'il pouvait servir encore aux mères de famille, en leur démontrant ce que peut-être elles ont déjà remarqué elles-mêmes, en leur fournissant l'occasion de réfléchir sur leurs propres observations, ou le sujet de quelques méditations nouvelles ; et cette conviction a fixé toutes mes incertitudes. Je me suis dit : si je n'ai pas assez d'esprit pour pouvoir me passer d'art et de science, ou pas assez de talent pour faire valoir mon esprit en écrivant, je suis parfaitement sûre d'avoir au moins l'amour et la connaissance des enfans ; et ces deux choses sont d'une si grande utilité pour les bien diriger, qu'elles peuvent en remplacer beaucoup dans un livre qui ne traite que de leur éducation. Je sais fort bien pourtant que les bonnes intentions ne sont pas suffisantes pour faire un bon livre et le rendre utile, parce que ce n'est qu'avec du talent que l'on parvient à faire comprendre et goûter aux autres ce que l'on comprend et sent très-bien soi-même.

« . . . . La plus noble pensée
Ne peut plaire à l'esprit quand l'oreille est blessée.

J'en suis convaincue ; et je ne suis pas certaine de ne m'être jamais expliquée de manière à choquer l'oreille ou le goût d'un lecteur susceptible, parce que je n'ai fait ni ma rhétorique ni mon cours de philosophie. A l'âge où les jeunes gens qui se destinent aux lettres font leurs classes, je n'étais occupée que de couture, et l'on n'aurait pu vanter ma science que dans les ouvrages à l'aiguille. A celui où ils sont encore au collége à commenter Cicéron ou Virgile, j'étais mère et nourrice. Je n'ai jamais pu donner à l'étude que le temps que les autres personnes donnent à leur plaisir ou à leur délassement. Il est donc très-possible que ce livre, qui a déjà contre lui sa forme, pèche encore par le style. Mais comment faire pour juger soi-même son ouvrage quand on n'a pas l'habitude d'écrire, et que l'on n'a jamais rien fait imprimer? J'aurais pu, il est vrai, consulter quelque homme de lettres, quelque littérateur distingué, et le prier de me montrer les défauts de mon livre, et d'en corriger les fautes. Mais je n'en connais qu'un; et j'ai des motifs si puissans pour me méfier de son impartialité, que je n'aurais pu m'en rapporter à son jugement. D'ailleurs, si quelques succès eussent été ensuite accordés à mes efforts, il m'aurait semblé qu'ils n'étaient dus qu'aux corrections, et je n'aurais su à quoi m'en tenir sur mon véritable talent. J'ai pensé encore que des observations sur l'éducation des enfans, et des conseils sur la manière de les diriger, n'étaient pas un ouvrage académique. Mon livre, destiné à des jeunes femmes et à des mères de famille, peut, plus que tout autre, se passer de cette rectitude dans les phrases, et de cette pureté d'expression que j'aurais voulu pouvoir y mettre, mais qui ne doivent et ne peuvent constituer ni son véritable mérite ni son utilité, parce que les négligences ou les incorrections de style qui pourraient s'y trouver n'empêcheraient pas les faits que j'ai observés d'être exacts, ni les moyens dont j'ai souvent fait une heureuse application d'être praticables et bons.

C'est après avoir examiné et pesé tout cela, que j'ai pris la détermination de publier cet ouvrage tel que je l'avais conçu d'abord, sans y faire aucun changement. Je m'offre ainsi à la critique sans appui, sans encouragement, et sans aucune certitude de succès. Mes motifs, pour tenter cette épreuve, sont puissans; ils dépendent de ma position qui m'oblige, par une nécessité dont je puis seule apprécier la nature, à chercher, dans l'opinion publique, la mesure de mon talent, et une garantie pour la jutesse de mon esprit. Si cette opinion m'est contraire, elle me prouvera que je n'ai pas reçu du Ciel cette influence secrète, qui force les expressions à peindre la pensée, et la pensée à pénétrer l'esprit; que je dois garder mes idées pour moi ou mes amies, et renoncer au métier d'écrivain. C'est ce que je ferai bien franchement, et quelques caresses de mes enfans me consoleront de mes efforts infructueux. Si, au contraire, j'obtiens quelques succès, sûre de ne les devoir qu'à moi seule, j'avancerai dans la carrière avec confiance et courage, et je m'applaudirai avec eux d'une réussite que je n'ai tentée et que je ne désire que pour eux.

CONSEILS A MON AMIE

SUR

L'ÉDUCATION

PHYSIQUE ET MORALE

DES ENFANS.

LIVRE PREMIER.

Je t'ai promis, dans ma dernière lettre, bonne et tendre amie, de te faire connaître en détail la manière dont j'ai nourri et élevé mes enfans; et je te prouve par ma diligence, qu'avec moi, promettre et tenir ne font qu'un. Puisque notre éloignement ne me permet pas de te dire de vive voix ce que tu désires apprendre, ni de te montrer sur ma Théonice les effets de ma méthode, je vais te rédiger l'historique de mes procédés, dans l'intention de t'éviter un travail assez pénible, et surtout fastidieux : d'ailleurs ta grossesse, maintenant trop avancée, ne te laisserait pas le temps nécessaire pour t'instruire toi-même. Je sais très-bien que tu n'es pas plus savante actuellement que je ne l'étais dans la même circonstance, et je l'étais fort peu. On a généralement la mauvaise habitude de faire aux jeunes personnes un très-grand mystère des devoirs d'épouse et de mère; on s'imagine que leur modestie souffrirait en s'occupant de ces choses, et que ce n'est qu'après le mariage qu'une fille doit y penser. C'est une des grandes fautes que l'on commet dans leur éducation, et cette erreur leur est souvent bien fatale. Elles se marient sans connaître l'état qu'elles vont prendre, autrement que par la peinture qu'elles en ont lu, à la dérobée, dans quelques romans; et Dieu sait les idées qu'elles se sont faites, et comme elles trouvent le portrait ressemblant! A peine ont-elles fait quelques pas, que leur imagination, qui d'avance avait conçu un tableau trop brillant, et l'avait embelli de couleurs trop variées et trop vives, le décolore ensuite et le noircit avec le même excès. Troublées et dégoûtées, rien ne s'offre à elles sous son point de vue véritable ; au lieu de faire leur étude de leurs devoirs, et de trouver leurs plus doux plaisirs dans leur accomplissement, elles cherchent les moyens de les alléger ou de s'en abstenir, parce qu'ils ne leur paraissent qu'un fardeau insupportable. Celles qui ont assez de raison ou de force d'esprit pour surmonter l'effet du premier contraste, et se résigner de bonne grâce à cultiver les fleurs, bien qu'elles soient souvent épineuses, éprouvent encore une foule de difficultés qu'une meilleure éducation leur aurait épargnées. Si leur amour maternel les engage à nourrir elles-mêmes, leur ignorance des devoirs de mère rend leur pratique plus pénible, et les met dans la presqu'impossibilité de les remplir avec avantage pour elle et pour leurs enfans. Elles sont obligées de s'en rapporter à leur garde, à leur bonne, sur la manière de les nourrir, de les habiller, de les soigner ; et souvent les résultats les plus fâcheux paralysent leurs soins et leur tendresse. Je ne sais si on viendra à réfléchir sur la sotte éducation que l'on donne à la plus grande partie des femmes; mais je sais bien qu'en y pensant, il est impossible de ne pas voir quelle est la source de la plupart des erreurs et des défauts qu'on leur reproche. Pour moi, je n'ai pas été mieux élevée, mais la nature de ma mauvaise éducation m'avait fait contracter très-jeune l'habitude de la réflexion. Aussi je ne fus pas plutôt mariée, que, pensant que je pouvais devenir mère, je me demandai comment je m'y prendrais pour remplir dignement tous les devoirs que ce titre glorieux et sacré allait m'imposer; et je fus très-étonnée de me trouver si ignorante. J'avais déjà lu l'Émile de Jean-Jacques, je le relus, avec un bien plus grand intérêt et une attention bien plus soutenue. Mais, après avoir achevé ma lecture, je fus convaincue, comme je le suis encore, que cette manière d'élever un enfant est une chose impraticable dans son ensemble, et qu'excepté les principes et les idées générales qui qui en font la base, il en est de ce système comme de beaucoup d'autres; il est très-beau sur le papier. Mais au lieu d'une éducation faite pour les hommes, il faudrait faire des hommes pour recevoir et donner cette éducation. Quant à ce qui regarde les femmes, le morceau intitulé *Sophie*, est un chef-d'œuvre dans son genre. Certainement un homme ne pouvait pas mieux parler des femmes en général que l'a fait l'auteur de ce livre : pourtant je ne suis pas toujours de son avis quant à l'application partculière, mais cela ne fait rien au fond; car, comme je te l'ai déjà dit en te conseillant de le lire, cet ouvrage est admirable comme théorie, mais inexécutable dans presque tous ses points. Il faut en prendre les principes, et savoir les appliquer avec les modifications nécessitées par le caractère particulier de l'enfant, aux différentes situations dans lesquelles on se trouve, parce que, vois-tu, dans tous les systèmes possibles, la théorie est fort différente de la pratique : mais c'est surtout dans l'éducation que l'on est très-vite convaincu de cette vérité. Voyant donc que ces idées générales, qui me paraissaient très-bonnes, avaient besoin d'explication et de développement appropriés, et ne me trouvant pas assez savante pour le faire avec certitude, je résolus de m'instruire. Je jugeai qu'il fallait commencer par le commencement; c'est-à-dire qu'avant d'instruire son enfant, il fallait le nourrir, et qu'avant de le nourrir, il fallait le mettre au monde: en conséquence je pris des livres de chirurgie et de médecine, j'examinai de sang-froid cette grande opération de la nature, et ensuite le régime qu'il convenait le mieux de suivre pour faire une bonne nourrice. Je me déterminai dans mon choix, car tous les médecins ne sont pas du même avis, d'après les influences de ma manière d'être, et mon instinct maternel, instinct qui trompe rarement une mère tendre et réfléchie. C'est dans la médecine domestique de Buchan, comme je te l'ai dit dans ma dernière lettre, que j'ai puisé presque toutes mes idées et les connaissances médicales sur lesquelles j'ai appuyé ma conduite dans le régime de mes enfans. Tu verras que cet auteur leur a consacré un volume tout entier. Je ne pus m'empêcher de frémir en voyant, dans

les faits incontestables qu'il rapporte, la preuve de tous les dangers que l'indifférence ou la négligence d'une mère peut faire courir à son enfant, et en voyant dans les notes du savant médecin qui a traduit son ouvrage que l'indifférence ou les mauvaises pratiques étaient encore d'un effet plus pernicieux en France qu'en Angleterre. Le docteur Buchan s'exprime ainsi : « Il paraît, par les ré-
» gistres mortuaires annuels, qu'environ la
» moitié des enfans qui naissent dans la
» Grande-Bretagne meurent au-dessous de
» l'âge de douze ans ». D'après le témoignage de Buffon, il semble que de son temps la mortalité des enfans ait été encore plus grande en France, puisqu'il dit positivement que la moitié du genre humain périt avant l'âge de huit ans et un mois. Plusieurs docteurs, d'après des relevés faits sur les registres qui contiennent le nombre des morts et des naissances de chaque année, donnaient à cette époque à peu près le même résultat ; mais des observations beaucoup plus récentes, citées par le docteur Duplanil, prouvent que, depuis qu'un bien plus grand nombre

de mères se sont livrées à l'allaitement, il mourait beaucoup moins d'enfans à Paris. Il est vrai qu'il observe que tous ceux qui ne reviennent point de nourrice n'y sont pas inscrits. La différence est encore assez grande pour faire penser malgré cela qu'il y a une amélioration, puisqu'il faut actuellement seize ans pour éteindre la moitié de tous les enfans qui naissent dans cette ville. Quand je me fus assurée, d'après ces ouvrages et ceux d'autres savans médecins, des dangers que l'on fait courir à ses enfans par un mauvais régime et une mauvaise nourriture, je ne pus, dis-je, m'empêcher de frissonner de la tête aux pieds, et d'être persuadée que si les femmes étaient un peu plus instruites, elles ne se décideraient pas si facilement à les mettre en nourrice; que, si elles étaient plus instruites, leurs enfans en seraient bien mieux élevés, et enfin que la société y gagnerait sous tous les rapports possibles.

« Si les mères réfléchissaient sur l'in-
» fluence qu'elles ont dans la société, si
» elles voulaient y être sensibles, elles sai-
» siraient toutes les occasions de s'instruire

» des devoirs qu'exigent d'elles leurs en-
» fans ; car elles sont en possession, non-
» seulement de donner au corps la forme
» et les grâces, mais encore de diriger les
» passions de l'âme : par elles, les hommes
» sont ou bien portans ou malades ; par
» elles, les hommes, ou sont utiles dans
» le monde, ou deviennent des pestes dans
» la société. »

(*Méd. domest. de* BUCHAN, *p. part.*)

Je suis convaincue que, si l'éducation des femmes leur apprenait ce qu'elles peuvent et ce qu'elles doivent savoir, elles en seraient bien plus heureuses, et la société bien plus pure. Déjà quelques mères y pensent : espérons que bientôt l'ignorance ne sera plus le partage que de celles qui sont incapables de s'instruire. Pour toi, ma chère amie, qui ne manque d'instruction que sous ce rapport, puisque tu veux te conduire d'après mes préceptes, je vais te dire exactement comment j'ai dirigé mes enfans. J'aimerais bien mieux te l'expliquer verbalement, car ce sont des détails si minutieux, qu'il est bien difficile de les rendre intéressans par écrit. Mais de quelque manière que je m'explique, je suis pourtant sûre que tu me liras avec attention.

Ma dernière lettre t'a instruite de tout ce qui regarde l'accouchement et les premiers momens de la naissance de l'enfant; ainsi je ne t'en reparlerai pas. Comme tu es fort délicate, il serait possible que tu n'eusses pas beaucoup de lait, ou qu'il ne monte pas tout de suite après que tu seras accouchée; mais il faudrait toujours, malgré cela, faire téter ton enfant, comme si tu en avais, parce que la succion le fera venir. Il faudra lui donner à boire les premiers jours de l'eau miellée, qui est préférable à l'eau sucrée, et, au bout de quelque temps, y mettre moitié de bon lait de vache ou de chèvre, qu'il te serait peut-être plus facile d'avoir naturel, en ayant soin de ne jamais faire bouillir celui que tu devras lui faire boire, parce que le lait perd en bouillant ses parties les plus saines et les plus nourrissantes. Cette boisson doit lui suffire avec ton lait jusqu'à deux, trois ou quatre mois, selon sa force, que tu pourras commencer à le faire manger. Ma fille Théonice, qui est une superbe enfant, n'avait encore à trois mois avalé quoi que ce soit que mon lait, pas même une goutte d'eau. Mais j'en ai beaucoup. Lorsque je nourrissais ma fille aînée, je n'étais pas la maîtresse de lui donner à téter aussi souvent que j'aurais voulu, parce qu'on me trouvait trop jeune et d'une trop faible constitution. Alors, pour remplacer les intervalles que j'étais forcée de mettre, je lui donnai de l'eau miellée ou de l'eau d'orge miellée aussi, et coupée comme je viens de te le dire. Je ne commençai à la faire manger qu'à quatre mois et demi, parce qu'elle était plus délicate que les autres ne l'ont été, et que, par conséquent, elle pouvait moins supporter une nourriture solide; son estomac n'étant pas aussi fort que celui d'un enfant robuste, ne pouvait pas être aussi promptement en état de digérer d'autres alimens que le lait. On est pourtant dans l'usage d'en agir différemment : plus les enfans annoncent une faible organisation, plus on les bourre, plus on les gorge de choses difficiles à digérer, dans l'intention de les renforcer; mais on fait ordinairement le contraire de ce qu'on veut faire. Dioclès, qui était un enfant extrêmement gros et robuste, et qui ne voulait absolument boire d'aucune façon, a commencé à manger un peu à deux mois, et c'est assurément le plus tôt qu'il se puisse, lorsqu'on ne veut pas empâter son enfant.

La première chose solide que j'ai donnée aux miens, a été une petite soupe faite comme je vais te l'expliquer. Tu pourrais la préparer autrement si tu voulais, mais il faudrait toujours employer du bon pain avec du lait ou du bouillon léger de temps en temps, et te garder de cette espèce de *colle* appelée *bouillie*, dont on empoisonne gaiement les enfans, parce que c'est de tous les alimens le plus indigeste et le plus malfaisant pour eux. Je coupe du pain par tranche, comme pour une soupe ordinaire, je jette dessus de l'eau bouillante, que je retire ensuite avec soin; après cela, je mets ce pain ainsi lavé dans un petit pot, proportionné à la soupe que je veux faire, avec du miel et de l'eau nouvelle : je fais cuire cette panade jusqu'à ce qu'elle soit bien liée ; je la passe ensuite à travers une petite passoire, et il en résulte une sorte de bouillie aussi claire que je veux, faite avec du pain et du miel. Lorsque l'enfant grandit, je la fais plus épaisse, et j'y ajoute du lait pour l'éclaircir. A cinq, six, sept mois, selon que l'enfant a besoin et mange plus ou moins bien, je quitte cette soupe, et lui en fais d'autre avec du bouillon, du lait ou du beurre. La soupe grasse ne demande aucune préparation, la panade au beurre non plus. Je la fais comme tout le monde ; mais pour la soupe au lait, c'est différent : je taille mon pain, et je verse dessus de l'eau bien bouillante pour le tremper ; un moment après, je presse et fais sortir exactement toute cette eau ; ensuite je mets du sucre et du lait : si le pain n'échauffait pas assez le lait, je le ferais tiédir, avec grand soin qu'il ne chauffe pas trop. Voilà toute la nourriture que prennent mes enfans jnsqu'à dix-huit mois ou deux ans. Je ne leur laisse manger absolument que cela, et du pain tant qu'ils en veulent, tout sec, trempé dans du lait, ou avec du miel étendu dessus. Il ne faut laisser manger de la viande aux enfans que lorsqu'ils ont toutes leurs dents, et encore ils ne doivent en manger que très-peu pour commencer. Lorsqu'ils sont sevrés, il faut leur donner à manger quatre ou cinq fois par jour, autant qu'ils en veulent à chaque repas; mais il faut bien se garder de leur en donner la nuit, sous aucun prétexte. C'est une très-mauvaise habitude qu'on leur laisse prendre quelquefois, et qui peut avoir de fâcheux résultats; il faut donc t'en garantir. Comme la quantité de nourriture est relative à l'appétit de l'enfant, je ne pourrai rien te spécifier à cet égard; mais une règle générale, c'est qu'il vaut mieux leur donner plus souvent dans la journée, que beaucoup à la fois. Sois sûre, ma chère amie, que cette manière de nourrir les enfans est la meilleure, qu'elle leur épargne une grande quantité de petites maladies auxquelles ils sont presque tous sujets avec le régime ordinaire, et souvent de très-graves ; d'ailleurs je ne me suis pas déterminée légèrement dans mon choix, et j'en ai fait trois fois l'expérience avec les miens.

Je n'aurai pas besoin de te détailler aussi exactement la manière de les habiller, parce que, n'aimant pas pour toi-même rien de ce qui serre ou gêne les mouvemens, je suis bien certaine que tu penseras de même pour ton enfant, et que tu ne souffriras pas qu'on l'emmaillote, ni qu'on l'étouffe dans ses langes. La seule recommandation que je te ferai sous ce rapport, sera de mettre des cordons à toutes ses petites hardes. Je t'envoie un petit habillement complet, qui a servi à ma Théonice les trois premiers mois de sa naissance, et tu verras que tout, jusqu'à la bande qui doit tenir la compresse qu'on leur met sur le nombril les premiers jours, s'attache avec des rubans de fil. On a vu des accidens très-graves arriver par des épingles ; et plus les enfans sont vifs et bien portans, plus elles sont dangereuses, parce qu'ils se donnent beaucoup de mouvement, et peuvent plus facilement déranger celles qu'on leur met.

L'exercice est une chose indispensable pour la santé; il ne faudra pas négliger d'en faire, ma chère amie, lorsque tu seras accouchée, plus que tu ne le dois maintenant. Il faudra te promener tous les jours avec ton enfant, parce que le grand air et le mouvement qui sont de toute nécessité pour favoriser le développement des enfans, sont aussi très-bons aux nourrices. Tu sais que moi, qui moitié par goût et moitié par force, ai toujours été très-sédentaire, la plupart de mes indispositions n'ont eu pour cause que le manque de promenades et de distractions; ainsi c'est bien le cas de te dire, comme ce prédicateur à son auditoire, faites ce que je vous dis, et non pas ce que je fais.

Tu auras grand soin de ne pas couvrir la figure ou le berceau de ton enfant tandis qu'il dormira, comme c'est l'usage de beaucoup de personnes, parce que rien n'est plus malsain pour eux. Un air pur et libre est de toute nécessité pour leur santé; et il est tout aussi utile dans le sommeil que dans la veille. On ne doit jamais exposer les enfans ni les laisser dormir au serein, aux vents coulis, à l'air froid et humide; on ne doit jamais, lorsqu'ils sont tout jeunes, les sortir le soir ni la nuit; mais ils doivent prendre le grand air tous les jours; et celui de la chambre qu'ils habitent doit être renouvelé souvent, et d'une température modérée. Tu te garderas bien aussi de faire usage de calmans, de narcotiques d'aucune espèce pour le faire dormir la nuit, parce que toutes ces drogues sont de vrais poisons pour les enfans, et qu'on ne doit jamais les leur administrer qu'avec les plus grandes précautions et la plus grande prudence dans des maladie fort aiguës, et seulement par l'avis de médecins éclairés. Quant au bercement, qui est une sorte de narcotique plus doux, j'espère bien que tu n'en feras pas usage non plus, parce qu'il peut quelquefois devenir dangereux; mais quand bien même il ne le serait pas, c'est une si mauvaise habitude, qu'il ne faudrait pas la leur donner. Le meilleur moyen, pour faire dormir les enfans la nuit, c'est de leur faire faire beaucoup d'exercice le jour. Dès qu'ils commencent à avoir un peu de connaissance, il faut les tenir, il faut les promener, et ne jamais les laisser dans leur berceau lorsqu'ils ne dorment pas, ou ne veulent pas y rester. La nuit, au contraire, on les y laisse constamment, c'est-à-dire qu'on ne les lève que pour les changer ou les faire téter. Dès que les sens d'un enfant commencent à se développer, la nature le pousse à faire des expériences, à chercher des sensations; il veut voir, il veut toucher, il veut goûter, il veut entendre, enfin il veut sentir qu'il vit : c'est pour cela qu'il faut le sauter, qu'il faut lui chanter, qu'il faut lui montrer les choses, qu'il faut les lui laisser toucher et même pour l'ordinaire sucer, car c'est en dernière analyse ce qu'il aime le mieux à faire, parce que jusque là c'est ce qui lui a été le plus agréable. On doit, sous tous ces rapports, mettre de l'empressement à le satisfaire le jour : pendant la nuit c'est différent, elle est faite pour dormir. Lorsqu'un enfant s'éveille, et pleure dans la nuit, on le fait téter ou boire, on le change, s'il en a besoin, et puis on le remet dans son berceau; et s'il pleure encore lorsqu'on est bien convaincu qu'il n'a besoin de rien, on le laisse pleurer. C'est très-pénible pour la mère les premières fois, mais il faut avoir le courage de tenir bon. L'enfant s'accoutume très-vite; lorsqu'il a fait l'expérience que ses pleurs ne lui servent à rien, il ne pleure pas : j'entends pour se faire obéir. L'on distingue, en agissant de cette manière, bien plus sûrement les cris que la colère ou le caprice lui fait pousser, de ceux que la douleur lui cause. Il ne faut pas commencer par laisser pleurer un enfant, sans s'être déterminé d'avance à aller jusqu'au bout, car s'il peut sentir que sa colère et ses cris lui obtiendront ce qu'il demande, il criera beaucoup plus long-temps une autre fois, et se fera mal. Lorsque vous ne voulez pas le laisser crier, ce qu'il ne faut jamais faire sans nécessité, il faut le prendre dès qu'il s'éveille, pour lui persuader que ce n'est pas sa volonté qui vous règle : car, ne t'y trompe pas, ma chère amie, le jugement des enfans est beaucoup plus vite formé qu'on ne croit dans tout ce qui a rapport à eux; et, bien qu'ils ne raisonnent point, ils sentent avec une telle délicatesse qu'ils savent très-vite prendre les meilleurs moyens pour se faire obéir. J'ai observé mes enfans avec la plus grande attention : certainement ils ne sont pas faits différemment que les autres; les caractères de tous les trois ne se ressemblent en aucune manière, et pourtant ils ont manifesté dans les premiers mois de leur naissance les mêmes volontés, et pris les mêmes moyens pour se faire obéir.

Je n'ai jamais pu me décider à confier mes enfans à leur bonne pendant la nuit; si sûre que je fusse de ses soins, j'étais persuadée qu'ils ne valaient pas les miens. Ils ont toujours couchés près de moi, et la bonne dans une pièce à côté pour que je pusse l'appeler quand j'en avais besoin. Théonice, qui a quatorze mois à présent, et qui n'est point encore sevrée, même de nuit, commence à parler. Lorsqu'elle s'éveille, elle ne pleure pas, elle dit, *maman téter, téter*. Si je ne lui réponds pas tout de suite, elle pleure tout doucement. J'appelle sa bonne, elle ne dit plus rien, elle attend. La bonne vient, la prend dans son berceau et me la donne; je la fais téter, ensuite elle la reprend, la couche, et s'en va. Si la petite a sommeil, ce qui arrive le plus souvent, elle s'endort tout aussitôt, autrement elle reste tranquille dans son lit, joue avec le bout de ses petits rideaux qui sont toujours ouverts, cause toute seule à sa manière, jusqu'à ce que le sommeil vienne. Quelquefois, avant de la donner à la bonne, lorsqu'elle a fini de téter, je la baise et je lui dit, va faire *dodo* ma mignonne, va mon amour; alors elle rit, et répète en s'arrangeant sur le petit oreiller que l'on transporte avec elle: *dodo*, *dodo*. A l'âge de trois ou quatre mois, elle voulait dormir sur les bras, comme cela lui arrivait quelquefois dans le jour à la promenade, ou, autrement, elle voulait faire de même la nuit. Dès qu'on la posait dans son berceau, elle criait de toute sa force: pour m'assurer qu'elle n'avait pas de mal, je la prenais, aussitôt elle ne disait plus rien. Je la recouchais, ses cris recommençaient. Si je n'avais pas eu assez de force pour pouvoir la laisser crier quelquefois, et assez de surveillance pour faire en sorte que cela arrive peu, j'aurais dérangé sa santé, ou bien, pour lui épargner un léger mal dans le présent, je lui en aurais fait un grand dans l'avenir : au lieu qu'avec les moyens que je t'ai indiqués, je n'ai eu que quelques mauvais quarts d'heure à passer, et tout a été pour le mieux. Il est extrêmement rare de voir un enfant jouir aussi constamment d'une bonne santé que ma Théonice. Ses dents, qui percent pourtant assez difficilement, ne l'ont jamais rendue, grâce aux moyens que j'ai employés et dont je te parlerai plus tard, malade qu'à mes yeux; c'est-à-dire, que je m'en aperçois parce qu'elle s'éveille plus souvent dans la nuit, qu'elle est inquiète le jour, que ses évacuations sont dérangées, qu'elle a de la fièvre, etc. Mais tout cela ne va jamais assez loin pour que des étrangers puissent le remarquer, parce que la sortie de ses huit dents ne lui a jamais fait perdre ni sa graisse ni sa fraîcheur. Sa carnation est si belle, ses chaires sont si fermes, qu'elle fait plaisir à voir. Je parle souvent, et avec complaisance de ma fille, bonne amie; mais je suis sûre que ton amitié te fera excuser facilement une faiblesse que bientôt tu partageras ; le plaisir de parler de ce qu'on aime est si doux, qu'on le goûte souvent sans s'en apercevoir.... Une mère doit-elle dans ce monde aimer quelque chose plus que ses enfans ?

Théonice va seule ; Julie et Dioclès ont aussi marché de très-bonne heure, et je n'ai jamais employé pour cela d'autres moyens que de les laisser à leur aise s'agiter et se rouler. Ils n'ont jamais mis de *bourrelet* ; ils n'ont jamais eu de lisière, et je ne les ai jamais excités à se tenir sur leurs jambes d'aucune manière, persuadée que, quand ils se sentiraient la force nécessaire, ils essaieraient bien d'eux-mêmes. J'espère que tu agiras de la même façon avec le tien. En supposant que tous les moyens qu'on emploie pour faire marcher les enfans pussent les faire aller seuls un peu plus tôt, ce qui assurément n'est pas vrai, il ne faudrait pas encore le tenter, parce qu'il y a toujours du danger à forcer la nature. Quant au *bourrelet*, il est inutile et dangereux ; inutile, en ce qu'un enfant élevé comme il faut ne tombe pas lorsqu'il commence à marcher, ou du moins très-peu; et s'il tombe, il ne se fait pas de mal. Accoutumé à se rouler par terre sur un tapis, à marcher d'abord avec ses mains, si, lorsqu'il est debout, il chancelle, son premier mouvement est de les porter en avant; s'il tombe, la tête se trouve soutenue par elles, et l'enfant ne s'y fait aucun mal. Tout ce qui peut arriver, si la chute est grave, c'est qu'il se blesse un peu les genoux et les mains. Le bourrelet est dangereux, en ce que les enfans s'accoutument à tomber sans se faire du mal, et, par conséquent à ne pas prendre garde à eux. Alors, si par malheur on oublie une fois de le leur mettre, ou bien ce qui arrive souvent, si le bourrelet se détache, se dérange pendant la chute, l'enfant se fend la tête; et si les précautions évitent ces deux accidens, on n'évite pas le contre-coup, qui est souvent plus dangereux que le coup lui-même. Je pourrais te signaler encore beaucoup d'inconvéniens de cette vilaine coiffure des enfans; mais il me semble que ce que je viens de te dire est suffisant pour te faire résister à l'usage. Il se présente ici une objection que tu ne manquerais pas de me faire, si ton amitié ne te donnait en moi une confiance qui te persuade par avance. Sans cette confiance, tu pourrais dire ou penser, puisque l'usage des bourrelets est général : il faut bien que l'on en ait reconnu l'utilité, et sans doute les mères qui s'en servent ont bien réfléchi avant d'en mettre à leurs enfans. Non, ma chère amie, elles n'ont point réfléchi ; elles leur en font porter, parce que leur mère, leur tante, leur voisine faisaient ainsi, parce que c'est la mode ; et les nourrices et les bonnes ont grand soin de vanter et de conserver une mode qui les dispense de soins et d'attentions. Prenez garde, ce petit va tomber. Oh ! il ne risque rien, il a son bourrelet, est une réponse que j'ai entendu faire à toutes les gardeuses d'enfant ; et il en est ainsi de tous les expédiens qu'elles ont imaginés pour les faire marcher. Elles ont voulu s'épargner des soins et de la fatigue. Lorsque les enfans commencent à se tenir debout, et à vouloir aller de côté et d'autre, il est très-fatigant de leur donner la main; et, quoique ce soit la seule bonne manière de les apprendre à marcher, on a imaginé les lisières, qui n'ont certainement aucun avantage pour l'enfant à qui elles fatiguent extrêmement la poitrine, et enfoncent le cou dans les épaules, mais donnent, à la personne qui les tient, la facilité de se tenir droite. Si je voulais me donner la peine de remonter à l'origine de tous les usages de ce genre, je te prouverais facilement que l'avantage de ces charmantes petites créatures n'est jamais ce que l'on a eu en vue, parce que ce ne sont pas leurs mères qui ont inventé toutes ces choses, mais leurs nourrices ou leurs gardes.

Le moyen que j'ai employé pour éviter tous les accidens qu'entraîne souvent la dentition, et dont je t'ai dit que je te parlerais, est le bain froid. J'y accoutume mes enfans dès le premier mois de leur naissance. Je ne te conseille pas positivement d'en faire autant, car j'ai eu tant de peine avec les personnes qui m'entouraient pour leur faire approuver, ou seulement tolérer cette méthode, que je n'ose t'engager à t'exposer à la même responsabilité que moi, surtout habitant une ville de province où les préjugés sont encore plus grands qu'à Paris. Il faut bien faire tes réflexions, et t'attendre, si tu te décides à faire usage de ce préservatif, qu'on te dira que tu vas tuer ton enfant, que tu vas lui donner telle ou telle maladie. On te citera une foule d'exemples et d'autorité à l'appui des raisonnemens qu'on te fera, auxquels tu n'auras rien de bon à répondre : j'entends pour les personnes qui te feront les observations. Quant à celles qui n'auront pas le droit ou la faculté de se faire écouter, elles en diront bien plus : tu seras une mauvaise mère, tu auras le cœur dur, etc.; et si tu es obligée de t'en rapporter à quelqu'un, on le fera mal, et, par humanité pour l'enfant, on te trompera. Ainsi donc, avant de te décider à prendre ce parti, il faudra bien examiner si les inconvéniens ne surpasseraient pas les avantages que tu en pourrais retirer. Dans tous les cas, je vais t'indiquer la manière de t'en passer et celle de l'employer, laissant le reste à décider à ta sagesse et aux circonstances extérieures.

Si tu ne baignes pas ton enfant, il faut au moins le laver à l'eau froide tous les jours, en commençant par la figure, les mains, et ensuite tout le corps, en l'y accoutumant peu à peu : c'est-à-dire que tu te serviras d'abord d'eau tiède, et que, chaque fois, tu la prendras un peu plus froide, pour arriver insensiblement au degré où elle est dans la fontaine. Cela remplacera le bain, et ne paraîtra pas si cruel ; car, je n'ai jamais rencontré personne qui, en me voyant l'hiver ôter les morceaux de glace de l'eau dans laquelle j'allais plonger mes enfans, ne frissonnât de la tête aux pieds, et ne fût très-disposé à me dire des injures ; et qui, après avoir vu l'enfant rire et jouer dans cette eau, n'en fut pas moins persuadé qu'elle lui ferait un très-grand mal. Pour Théonice, je n'ai pas été si tourmentée, parce que je n'ai autre chose à répondre aux lamentations que l'on me fait pour l'avenir ; car elle est si belle enfant, qu'il est bien évident que cela ne lui fait pas de tort pour le présent. Voyez les deux aînés, sont-ils morts ? sont-ils maladifs ? sont-ils noués ? sont-ils imbécilles ? Et comme ils sont, Dieu merci, très-bien portans, très-bien faits et très-intelligens, on n'a plus rien de supportable à dire ; mais pour l'aînée, je ne pouvais pas répondre avec cette assurance. Et comme elle est venue au monde dans le mois de décembre, et que j'ai dû par conséquent l'accoutumer durant les plus grands froids, tu ne te fais pas d'idée de la force qu'il m'a fallu pour résister aux observations, aux conseils, aux reproches que l'on m'adressait de tous côtés. C'est pourquoi je t'engage, si tu aperçois d'avance beaucoup de difficultés à faire consentir les personnes qui t'environnent à l'usage des bains, de te contenter de laver ton enfant tout simplement avec une éponge et de l'eau froide une fois par jour, comme je te l'ai expliqué, et de plus, toutes les fois qu'il en aura besoin partiellement, ce qui est très-fréquent chez les petits enfans, parce qu'il faut les laver dès qu'ils se sont salis. Tu auras grand soin de l'essuyer ensuite avec des linges bien secs et bien doux. Si cela ne te paraît pas suffisant, si tu te décides à faire comme moi, à le baigner entièrement, voilà comme il faut t'y prendre. Je dis *toi*, parce qu'il ne faut jamais t'en rapporter sur ce point ni sur plusieurs autres à ta bonne, à moins d'y être forcée ; encore faut-il toujours veiller toi-même à la manière dont on fait ce que tu ne peux pas faire. Tu commenceras d'abord par baigner ton enfant dans de l'eau tiède ; ensuite moins, et peu à peu tout-à-fait froide, comme dans le lavage ; la figure et la tête doivent toujours être mouillées en premier pour empêcher le sang de s'y porter. Lorsque les enfans sont tout petits, et qu'il fait froid, il suffit de les plonger dans l'eau, mais toujours en refroidissant la tête la première ; et puis on les retire et on les essuie avec beaucoup de soins. Les enfans crient beaucoup les premières fois ; mais bientôt ils s'y accoutument, et ce bain devient pour eux un très-grand plaisir. Dès qu'ils commencent à avoir un peu de connaissance, ils s'amusent à barboter, à jeter de l'eau ; on ne peut pas les en ôter. Il ne faut pas pourtant les laisser trop long-temps (1). Il faut avoir soin aussi de ne jamais les baigner lorsqu'ils ont l'estomac plein, qu'ils viennent de manger ou de téter. Il faut leur laisser faire la digestion, qui est très-prompte chez les enfans, avant de les plonger dans l'eau. C'est ordinairement sur le midi que je baigne les miens, parce qu'en sortant du bain je fais leur toi-

---

(1) Après avoir bien médité ce petit livre, mon amie se détermina à baigner entièrement sa fille à l'eau froide, parce que son mari, qui est au-dessus de tous les préjugés de la commune éducation, était parfaitement d'accord avec moi sur la manière de soigner et de diriger les enfans, et qu'il l'engagea très-fortement à suivre entièrement mes avis; mais c'était aux approches de l'hiver, et l'idée de commencer par la tête l'effrayait. Elle m'écrivit, et me demanda de nouveaux conseils: alors je lui détaillai avec plus d'exactitude la manière dont je m'y prenais; elle fit exactement la même chose, et en obtint les plus heureux résultats. J'ai cru devoir rapporter ici le passage de ma lettre qui contient cette explication, comme un développement de ce qu'on vient de lire, et pour encourager les jeunes mères qui, voulant baigner leurs enfans, éprouveraient les mêmes craintes que mon amie.

lette pour la journée; ensuite ils tètent, et, pour l'ordinaire, s'endorment. Après un petit somme, si le temps le permet, ils sont tout prêts pour la promenade. Mais au reste, tu sens bien que l'heure n'y fait rien, pourvu que les précautions nécessaires que je viens de t'indiquer aient été prises.

Voici en abrégé, ma bonne et tendre amie,

« Quant à la manière d'administrer le bain, ma
» chère Victorine, tu peux consulter le livre que je
» t'ai indiqué (1); et, en cas que je ne me sois pas
» bien expliquée dans le petit cahier que je t'ai en-
» voyé, je vais te répéter ici comment je m'y prends.
» J'ai l'eau préparée à côté de moi avec une éponge
» bien fine dedans; je prends mon enfant sur mes
» genoux, je le déshabille, et puis, avec mon éponge,
» je lui lave la figure, la tête, et même tout le corps
» pour commencer, et lui rendre la sensation moins
» vive; ensuite je le mets dans l'eau. Je le tiens ho-
» rizontalement de manière à ce que tout le corps
» porte à la fois; mais je ne lui trempe pas la fi-
» gure, parce que l'eau pourrait lui entrer dans les
» yeux et lui faire un effet très-désagréable. Lors-
» qu'ils sont assez forts pour se tenir tout seul, je
» leur laisse prendre la position qu'ils aiment le

(1) La médecine domestique de Buchan.

la meilleure manière de nourrir et de soigner ses enfans; du moins elle est d'accord avec toutes les théories que les plus habiles médecins ont faites sur ce sujet, et j'ai de plus l'expérience et les preuves que mes trois enfans peuvent fournir. Tu sais que je suis d'une santé fort délicate; j'ai toujours été dans mes nourritures excessivement tourmentée

---

» mieux. Théonice a presque toujours voulu être
» debout; et alors, pour éviter que la fraîcheur de
» l'eau ne fasse refluer le sang vers la tête pendant
» le temps qu'elle reste dans le bain, je la lui lave
» avec mon éponge, et elle s'amuse beaucoup avec
» les gouttes qui lui coulent sur la figure. Julie res-
» tait volontiers assise, et Dioclès, toujours en mou-
» vement, était tantôt d'une manière et tantôt de
» l'autre. Quand je t'ai dit de commencer par la
» tête, je n'ai pas entendu que tu lui fisses faire le
» plongeon, comme l'indique la méthode anglaise,
» parce que ce n'est pas ainsi que j'ai fait avec les
» miens. Ce qui m'a engagée à m'y prendre autre-
» ment, c'est que je crois que les enfans doivent
» s'accoutumer beaucoup moins vite de cette façon,
» et qu'il me paraît même presque impossible qu'ils
» puissent jamais prendre plaisir à un bain donné
» comme cela. »

ou occupée moralement; chose fort contraire à la santé d'une nourrice, et surtout de son enfant. Tu sais que j'ai le genre nerveux très-irritable, et très-souvent des maux de nerfs; je manque d'appétit en nourrissant; je suis obligée de me forcer pour manger même le strict nécessaire; enfin il résulte d'une foule de chôses que je devrais être une très-mauvaise nourrice: eh bien! grâce à mes soins et au régime que je suis avec mes enfans, et dont je viens de te rendre compte, il n'y a pas une femme de campagne, si bien portante, si robuste qu'elle soit, qui puisse montrer un nourrisson plus beau, plus frais, plus fort que les miens. Je te réponds que ma Théonice est bien la plus belle preuve que je pourrais te donner de la bonté de ma méthode, si tu pouvais la voir; mais comme tu connais les deux autres, tu t'en rapporteras à moi pour celle-là. D'ailleurs tu sais que je suis en garde contre ma faiblesse maternelle, et que je tâche toujours de ne me faire d'illusion sur rien, c'est-à-dire, le moins possible.

Adieu! je vais m'arrêter ici. Lorsque ton

enfant sera né, je pourrai, si tu le désires, ma chère Victorine, ajouter quelques préceptes sur la première éducation, que je regarde comme la plus importante et la plus nécessaire, parce que les premières impressions sont les plus profondes et les plus durables. Adieu! encore une fois.....

Paris, 26 septembre 1818.

LIVRE II.

22 octobre 1819.

J'AI tardé assez long-temps, ma chère Victorine, avant d'essayer de tenir la promesse que je te fis l'année dernière, de te faire connaître les principes d'éducation que j'ai suivis avec mes enfans, et d'ajouter à la manière de les nourrir celle de les élever et de les instruire. Mais comme mes lettres t'ont mis au fait des causes qui m'ont empêché de pouvoir m'occuper à écrire, tu ne m'accuseras ni d'indifférence ni de paresse pour ce retard involontaire.

Je tiens la plume; me voici au moment d'entrer en matière, et je me trouve dans un embarras que je n'avais pas prévu. Comment m'y prendrai-je pour te faire comprendre exactement ce que je pense et ce que je fais? Ce ne sont plus des actions que je puisse facilement t'indiquer comme dans mes premières observations. Je ne peux plus te dire, fais ceci de cette manière, ou bien ne fais jamais cela, sans avoir auparavant bien expliqué ce que j'entends par *ceci*, ou *cela*, et déterminé d'avance toutes les circonstances où la chose dont il s'agira sera applicable ou ne le sera pas. Comment, en donnant une règle, prévoir toutes les modifications dont elle est susceptible ? comment puis-je te faire partager ma conviction, conviction, que plus de dix ans d'observations, de réflexions et d'expériences m'ont donnée, sans écrire une histoire fort longue qui, bien que difficile à conter, n'en serai pas pour cela plus amusante ?

Je t'entends d'ici t'écrier : je n'ai pas besoin d'être persuadée ; dis-moi comment tu fais, comment il faut faire, et je me passerai bien de preuves. Je sais cela, ma chère amie, je sais que tu es convaincue de la bonté de mes principes, mais ce n'est pas suffisant ; il faut que tu les comprennes, que tu les sentes, que tu t'identifies avec eux, comme si tu les avais trouvés toi-même pour pouvoir les appliquer avec fruit, et je ne puis espérer ce résultat qu'en te faisant connaître les bases sur lesquelles je m'appuye, et les conséquences irrécusables qui en découlent. Mais si j'énonce des principes, si j'en déduis des maximes, si je parviens à une démonstration claire, précise, dont tu puisses facilement faire l'application, j'aurai l'air de vouloir faire un système : à cette idée de système, je m'arrête toute effarouchée, car, vois-tu, pour rien au monde je ne voudrais être une femme à système !... Je t'entends me dire encore : fais un système ou n'en fais pas, cela m'est égal; mais fais-moi connaître la meilleure manière d'élever ma fille, d'éviter cette foule d'inconvéniens que la routine et l'ignorance ont transformés en préceptes, et dont il est si malaisé de s'affranchir; tu me l'as promis, je compte sur ta parole, et j'attends avec impatience. Eh bien! malgré que la chose me paraisse beaucoup plus difficile que je n'avais cru d'abord, je tiendrai ma promesse, chère Victorine; ton amitié m'en fait une loi, et le désir de t'être utile m'inspirera au moins le courage d'essayer s'il ne peut me donner l'assurance de réussir. Je vais passer par-dessus la peur des systèmes, par-dessus mon peu de talent, et répéter pour m'encourager cette maxime de Boileau :

> Ce que l'on conçoit bien s'exprime clairement,
> Et les mots pour le dire arrivent aisément.

On a fait une grande quantité de systèmes, on a trouvé une très-grande quantité de méthodes, on a émis une très-grande quantité d'opinions diverses sur l'éducation; les uns en théorie, les autres dans la pratique, ont eu plus ou moins de succès : je n'entrerai dans aucun détail à cet égard, parce que cela ne servirait qu'à faire briller mon érudition, et ne te serait utile à rien. Tout ce que je te dirai sur ce sujet, c'est que j'ai trouvé du bon et du mauvais dans tous ceux que j'ai médités, et que je me suis approprié sans scrupule, partout où je l'ai trouvé, ce qui m'a paru utile et vrai.

Une grande question, sur le principe de l'objet qui nous occupe, agite et divise les esprits; et cette question, que je n'ai trouvée nulle part résolue d'une manière satisfaisante pour moi, est celle-ci. L'esprit, les facultés, les talens, dépendent-ils de l'éducation que l'on a reçue? Le même instituteur, employant les mêmes moyens, pourra-t-il parvenir au même but avec tous les élèves qu'on lui donnera? ou bien les enfans apportent-ils en naissant une intelligence et des dispositions différentes? Les uns répondent que toutes nos qualités, que toutes nos idées sont innées, et que l'enfant apporte en naissant le germe de toutes les vertus et de tous les talens qu'il doit posséder un jour. D'autres, rejetant avec force toutes les conséquences qui paraissent découler de cette manière de voir, affirment que tous les hommes sont égaux en sortant des mains de la nature, et que les circonstances extérieures qui constituent ou déterminent l'éducation font toute la différence. Ces deux principes, en opposition parfaite, se réfutent l'un par l'autre; on les commente, on les développe, et ils servent de base à tous les raisonnemens sur lesquels on appuie, d'une part, la liberté de l'homme, et de l'autre, la fatalité, et même le matérialisme. Ces deux principes me paraissent à moi pouvoir se réunir et n'être que les deux divisions d'une unité sublime, dont l'âme est le foyer, et Dieu l'auteur! Je pense que ces deux manières d'envisager la manifestation des facultés de notre âme ne paraissent contradictoires qu'en raison des bornes de notre intelligence. Il nous est impossible de nous élever à la hauteur nécessaire pour comprendre les œuvres divines dans leur ensemble. Parcelles lumineuses ou opaques d'un tout incommensurable, nous réunissons dans une universalité restreinte le désir de séparer à l'espérance de réunir. Etres imparfaits, trop souvent incompréhensibles, nous pouvons diviser, analyser des formes, dont le lien secret échappe à la faiblesse ou à la témérité de nos regards. Peut-être qu'il existe des génies assez privilégiés, assez supérieurs, pour pouvoir expliquer le principe de tous les principes, et montrer le lien qui réunit ces élémens opposés; mais j'avoue qu'ils me sont inconnus. Je n'ai jusqu'à présent rien vu ni rien lu dans les philosophes anciens ou modernes, qui puisse satisfaire à toutes les conditions que l'âme et l'esprit demandent dans les explications de cette nature. Pourtant mon ignorance ne me rend point sacrilége, ni ma science incrédule; je suis persuadée que Dieu a tout fait pour le mieux, et je ne cherche point à expliquer ce qui est au-dessus de mon intelligence. Si je crois très-important de savoir la vérité de ce qui est, si je veux faire tous mes efforts pour tâcher de t'apprendre à distinguer toi-même le petit nombre de celles qui m'ont été démontrées par l'observation et l'expérience, je n'ai pas, ma chère Victorine, le sot orgueil et la folle prétention de te rendre raison de tous les *pourquoi* et de tous les *comment*, parce qu'il me paraît très-nécessaire, quand on s'occupe d'éducation, de connaître les choses qui existent, mais fort inutile de savoir pourquoi elles existent.

Je ne sais si mon peu de talent me permettra de te faire bien comprendre par écrit, et de t'expliquer clairement ces vérités dont je suis pénétrée, et hors desquelles on ne peut, il me semble, arriver à rien de positif sur les principes de l'objet que je vais traiter. Mais enfin, je ferai tout ce que je pourrai; et si je ne réussis pas à convaincre ton esprit, n'en accuse pas la nature des idées, mais seulement la manière de les exprimer. Je suis convaincue, et tous les instituteurs qui ont observé avec attention les élèves confiés à leurs soins, et tous les pères et toutes les mères qui ont examiné leurs enfans, et toutes les personnes qui ont réfléchi sur ces choses le seront aussi, que les enfans diffèrent autant par les facultés morales que par les traits de la figure et les formes extérieures; et qu'ils manifestent dès le berceau des goûts, des désirs et des dispositions différentes. Tu peux être bien certaine, ma chère Victorine, que nous ne sommes pas plus libres d'avoir du génie, lorsque la nature nous a refusé une vaste intelligence, qu'il ne dépend de nous de naître sur le trône ou sous le chaume, d'avoir une belle figure, une haute stature, ou d'apporter dans ce monde un laid visage et un corps contrefait. Prenez garde : si l'homme n'a pas plus d'influence sur son esprit qu'il n'en a sur sa forme extérieure, il ne doit pas être responsable du bien ou du mal qu'il peut faire, s'écrieraient, en lisant ceci, toutes les personnes qui aiment à se donner, et se donnent à peu de frais, un air de profondeur morale. Mais cette objection, si souvent faite, si souvent réfutée, dont on s'appuie également dans des suppositions contraires, et que l'on réfute victorieusement dans toutes les circonstances, ne saurait m'arrêter; car j'en appelle encore aux observateurs : combien d'enfans heureusement nés, qui annonçaient les plus grandes dispositions, qui, à l'âge où les passions se développent, où l'âme doit prendre son essor, se gâtent, se perdent, et deviennent tout l'opposé de ce qu'ils promettaient d'être! Combien d'autres, au contraire, qui paraissaient stupides et lourds se forment en grandissant, et produisent des hommes distingués et recommandables sous des rapports que l'on n'aurait jamais soupçonnés! Ne voit-on pas aussi des enfans, porteurs de figures très-jolies, changer insensiblement, et ne rien conserver du tout de cette beauté qu'ils avaient reçues de la nature? N'en voit-on pas encore d'autres d'un extérieur moins qu'indifférent, se développer de manière à faire de beaux hommes ou des femmes agréables. Tout cela peut certainement s'expliquer, quand on envisage les choses de la manière convenable. L'homme reçoit du ciel son corps et son âme, il n'est point le maître de présider à leur formation; mais il est le maître de les diriger et de les conduire. Il ne dépend pas de lui de naître beau ou laid, fort ou faible, avec un esprit vaste ou borné; mais il dépend de lui d'être sage et raisonnable, d'employer au bien ou au mal les facultés qu'il a reçues, de les développer, de les étendre, de les comprimer ou de les détruire. L'homme est libre, mais libre dans la situation forcée où son destin l'a fait naître. Il peut parcourir à son gré l'espace de la vie : mendiant, ou grand seigneur, il le traverse à pas lent ou rapidement traîné par des coursiers fougeux; mais de quelque manière qu'il marche, l'instant du départ et le terme du voyage sont les mêmes pour tous; et assurément bien au-dessus de la sphère des volontés humaines. Le champ de plus vaste est ouvert à l'ambition de tous les individus ; mais la quotité de fond que chacun apporte dans le commerce avec ses semblables a été comptée par la nature. Les hommes heureux ou sages sont, comme les habiles négocians ou les grands spéculateurs, qui, en très-peu de temps, doublent, triplent, quadruplent leurs revenus, tandis que les autres perdent quelquefois à la première affaire qu'ils entreprennent *intérêts* et *capital*. Je suis portée à croire que celui qui anéantit, par sa mauvaise conduite, un bel héritage, est plus coupable que celui qui laisse dégrader sa chaumière ; mais je suis bien certaine qu'on ne peut demander compte à chacun que de ce qu'il a reçu, et que le pauvre d'esprit a plus de droit à l'indulgence que le puissant : un maître raisonnable n'exige pas de son serviteur plus de travail que ses forces ne lui permettent d'en faire ; pourait-il entrer dans la tête que Dieu serait plus exigeant et moins juste ?

La question de savoir si les hommes apportent en naissant des dispositions différentes, ou s'ils naissent tous avec des facultés égales, ne me paraît d'une grande importance que sous les rapports de l'éducation; car, moralement parlant, les conséquences sont les mêmes : que cette différence entre les facultés, que sans doute on ne conteste pas, soit due à la nature ou aux circonstances extérieures qui environnent le berceau de l'enfant, les résultats sont les mêmes pour lui. Si les premières impressions qu'il reçoit, si les premières notions qu'on lui donne doivent former son âme et son esprit, la fatalité de la naissance et de la fortune, qui détermine l'éducation, règle aussi la force et l'étendue de son intelligence, fixe le genre de ses facultés, et sème les germes de tous les penchans de son cœur. Il n'est pas plus libre dans cette supposition que dans l'autre; seulement il en résulterait que les hommes les plus riches et les mieux élevés devraient toujours être les meilleurs et les plus spirituels. S'il était possible de soutenir cette hypothèse, qui gagnerait-on? Rien, si ce n'est de reculer la difficulté, ou de la changer de nature. L'homme est-il plus libre de naître au sein de l'abondance, de recevoir une bonne et belle éducation, que de naître avec une âme grande et un esprit lumineux ? Que la nature ait déterminé d'avance la forme de son esprit, ou qu'il soit l'ouvrage des hommes et de circonstances fortuites parfaitement indépendantes de sa volonté, les résultats sont certainement les mêmes pour sa responsabilité morale ; mais pour l'éducation, c'est bien différent. Si tous les enfans qui viennent au monde, physiquement bien constitués, sont aptes à recevoir tout ce qu'on voudra leur inculquer, s'ils n'ont en eux le germe ni le penchant d'aucun vice, si tout ce qui est mal vient du dehors, ceux qui élèvent les enfans en sont responsables, comme on leur doit tout ce qu'ils font de bien. Il n'y a qu'à les garantir des mauvais exemples pour qu'ils soient bons et sensibles ; il n'y a qu'à leur donner des maîtres savans et de sages instituteurs pour qu'ils réunissent toutes les sciences à toutes les vertus. Tu sais très-bien, ma chère Victorine, et il n'y a, je crois, personne qui ne sache que les choses ne sont point ainsi, et que, de deux frères, allaités par la même mère, élevés exactement de la même façon, l'un est un sot, et l'autre un homme d'esprit. Je suis parfaitement sûre, ma chère amie, que l'éducation, si bonne ou si mauvaise qu'elle soit, ne fera jamais d'un idiot un savant, ni d'un génie supérieur un homme sans intelligence, parce que je suis convaincue que l'esprit et les talens, les vertus et les vices, comme tous nos penchans et tous nos sentimens, sont les instrumens destinés à la manifestation et à la perfection de notre âme; et que la Divinité qui nous a donné l'une a présidé aussi à la formation des autres. Je ne lui demanderai pas plus compte de ses intentions à cet égard que je ne me croirai en droit de lui reprocher la différence des formes; pourtant la beauté ou la laideur colore notre vie d'un reflet bien différent! Je connais plus d'une femme, et peut-être quelques hommes qui, si la nature leur eût offert le choix entre la perfection de l'âme et celle de la figure, n'auraient certainement pas hésité à préférer la beauté matérielle. Ceci soit dit entre nous et sans médisance aucune. En convenant donc avec moi que les enfans naissent différemment organisés pour l'esprit, pour les talens, pour le bien et pour le mal, on ne m'accordera que ce que les observations journalières prouvent irrésistiblement, que ce dont on est souvent convaincu malgré soi; ainsi je crois qu'on me l'accordera sans peine. Mais m'accordera-t-on de même que la volonté de l'homme est libre, quand ses facultés ne le sont pas? Ceci, ma chère et bonne amie, offre bien quelques difficultés; car on ne manquera de me dire ce qu'on objecte toujours dans ce cas là : mais si un homme naît avec un penchant irrésistible pour le vol ou pour le meurtre, comment voulez-vous qu'il soit un homme probe, ou un homme sensible et doux? D'après cette manière de penser, ce serait même une injustice de le faire coupable pour des penchans qu'il n'a pas été le maître de se donner, et qu'il n'est pas en son pouvoir de dompter. D'abord, je crois que le plus souvent on peut résister à ses penchans, et même les vaincre; mais quand cela ne serait pas possible dans certains cas, le penchant n'en existerait pas moins; et je demanderais à la personne qui m'interrogerait de répondre à son tour. N'avez-vous pas entendu dire qu'il naît quelquefois des enfans d'une forme tellement hideuse, qu'on est obligé de les étouffer dès le premier moment de leur naissance? Oui, cela est même assez fréquent. Mais n'est-ce pas une chose fort injuste; car, dites-moi, est-ce la faute de ce pauvre enfant? Non; mais l'intérêt de la société demande qu'on étouffe les monstres qui pourraient lui nuire. Il peut donc naître des monstres dans l'ordre physique? Sans doute. Mais Dieu a créé notre corps aussi bien que notre âme; et s'il permet l'existence des monstres dans la forme physique, il peut bien le permettre aussi dans la forme morale. Et le même motif qui fait étouffer les uns peut encore faire punir les autres sans injustice. En répondant ainsi, je me garderai bien de croire que cette manière de raisonner n'offre aucune difficulté pour le penseur; je dis seulement qu'elle n'en offre pas davantage qu'une autre, et que l'observation et l'expérience nous prouvent que les choses sont ainsi. Quant à l'intention divine, je le répète, toutes les fois que nous voulons juger et analyser les lois organiques par lesquelles elle fait mouvoir nos âmes, nous ne faisons que montrer notre insuffisance. Nous pouvons bien comprendre, par une sorte de réflexion intérieure, qui n'est peut-être que celle de l'âme repliée sur elle-même, la force des liens secrets qui nous enchaînent et nous dégagent, car les oppositions se lient dans l'univers; nous pouvons bien sentir une force invisible, mais irréfragable, qui développe ou comprime des élémens, dont l'essence et les lois ne peuvent être comprises ni connues par nous, ou qui ne le sont que dans une élévation momentanée et partielle, qui, le plus souvent, éblouit ou aveugle celui qui, comme Tirésias, veut voir Minerve sans voile.

Aucune des sectes de philosophie, même religieuse, n'ont évité les contradictions ou les obscurités, lorsqu'elles ont voulu expliquer le jeu des ressorts secrets par lesquels nos âmes veulent et agissent : elles ont même souvent défendu de chercher à connaître ce qu'on ne peut comprendre ; et sans doute elles avaient de bonnes raisons pour cela. Nous sommes peut-être, nous autres hommes et femmes, une image de l'univers ! Mais qui pourrait trouver le fil analytique qui fait mouvoir toutes les parties de cette image vivante ? Je ne le sais pas. Mais celui qui le trouverait, pourrait, je crois, expliquer ce qui, jusqu'à présent, a été inexplicable.

Tout ce bavardage réfléchi ne te fera peut-être pas bien comprendre ce que je pense, et ce que je sens, ma chère Victorine; mais je fais de mon mieux : c'est tout ce que tu peux exiger ; car, vois-tu, les choses sont pour moi comme pour les autres : ma volonté est libre, mais mes facultés sont bornées, et je ne puis exercer la première que dans la sphère d'intelligence où Dieu a renfermé mon âme, et les dernières, que dans la sphère physique et matérielle où le destin et la naissance m'ont placée. Si au lieu d'être une femme petite et fort délicate, d'un rang et d'une fortune obscure, mon âme et la sphère de ses facultés agissaient dans le corps d'un homme grand et robuste, destiné par sa naissance à gouverner son pays, il est probable que ma volonté, bien que la même, s'exercerait d'une manière fort différente, et ne se ressemblerait pas. Mais je reviens à mon idée : quelles que soient les difficultés qui existent ou les contradictions qui paraissent dans la manière dont j'envisage nos facultés, et le libre exercice de notre volonté, je n'en suis pas moins convaincue, par toutes les expériences que l'observation et le sentiment m'ont fait faire, que les choses sont ainsi. On est assez généralement persuadé qu'on ne se fait pas soi-même, c'est même une espèce de phrase proverbiale ; mais aussi, par la même raison qu'on est persuadé de cela, il arrive que souvent on ne donne pas à la volonté une assez grande influence. Pour moi, je ne connais rien sur la terre qui puisse la contraindre, lorsqu'elle est l'expression d'une âme forte. Il ne faut pas confondre, ma chère amie, ce que j'appelle la volonté avec plusieurs de nos facultés que l'on prend souvent pour elle, qui peuvent s'y rapporter plus ou moins, mais qui ne la constituent pas; ce sont les facultés ou les modifications de nos facultés que l'on désigne par le nom d'*entêtement*, d'*énergie*, de *fermeté*, d'*inflexibilité*, etc., etc. Toutes ces formes ou ces instrumens de l'âme peuvent faire partie de la volonté, mais ne sont point elle. Qu'est-ce donc que la volonté, vas-tu me demander? J'ai bien long-temps, ma chère Victorine, cru qu'elle était indéfinissable, et ce n'est qu'à force d'y penser que je suis venue à bout de me rendre raison de ce qu'elle est; mais ma pensée diffère tant de tout ce que j'ai lu ou entendu dire sur ce sujet, que ce n'est qu'en confidence et sous le sceau du secret que j'ose te dire comme je la conçois (1). La volonté est la manifes-

---

(1) En me décidant à publier cet ouvrage, j'avais résolu de supprimer cette définition; mais ensuite j'ai réfléchi qu'une opinion sur l'essence de la volonté, de quelque nature qu'elle soit, ne pouvait nuire à celle de personne.

Puisque je ne refais pas mon livre entièrement,

tation de notre être moral, ce que plusieurs philosophes ont appelé *le moi*, ou plus clairement, la forme donnée à l'âme par le mouvement de la vie. Je vais tâcher de te bien expliquer ma pensée, car c'est un peu abstrait, et j'ai à cœur que tu me comprennes. Tout le monde parle de l'âme; chacun la sent, chacun la conçoit à sa manière, mais personne ne peut la décrire. Comment en effet décrire une chose immatérielle qui par le fait seul de son immortalité est indéfinissable. On a observé le corps, on est parvenu à le connaître parfaitement; la science a plus d'une fois pénétré dans le sanctuaire de la nature, et déchiré les voiles dont elle se couvre; mais cette audace, loin d'éclairer sur la nature de l'âme, a conduit la plupart de ceux qui l'ont eue à la méconnaître entièrement, et même à nier son existence! L'âme, qui se peint dans tes yeux, qui fait palpiter ton cœur au

---

je n'y dois rien changer. D'ailleurs, si je voulais en ôter tout ce que j'ai dit dans l'abandon des confidences amicales, et tout ce qui me paraît différer des idées et des formes ordinaires de l'éducation, je ne laisserais peut-être rien imprimer.

récit d'une grande et belle action; l'âme qui nous donne le pouvoir de subjuger nos besoins, nos désirs, nos passions, et qui nous élève jusqu'à Dieu; l'âme, en qui réside le sentiment de notre immortalité, dont le souffle divin réunit l'espérance à la vie pour nous faire triompher de la mort; l'âme s'enveloppe et agit dans la volonté. Dans ce monde matériel, où tout est mouvement, action et répulsion, nous ne pouvons rien concevoir sans une forme soit réelle soit illusoire. La forme est partout dans l'univers; nous la voyons; nous la sentons, ou nous l'imaginons dans toutes les régions où peut pénétrer l'esprit et la pensée. Les formes données à notre corps, à nos sens, à nos facultés morales, forment un domaine d'une étendue plus ou moins restreinte, que l'âme dirige à son gré, sous la forme et par le moyen de la volonté. L'âme par son action donne la vie à ce domaine, la vie lui donne une forme, et cette forme se peint dans la volonté. C'est pourquoi je t'ai dit plus haut que la définition de la volonté était pour moi la forme donnée à l'âme par le mouvement de la vie, et que je ne connaissais rien qui pût lui résister lorsqu'elle était l'expression d'une âme forte. Il me semble que j'ai expliqué ma définition assez clairement pour que tu puisses me comprendre, et que d'après elle, la volonté se trouve pour ainsi dire le point qui réunit l'esprit et la matière. Tu conçois que si cela est vrai, son influence sur la phère sensible et morale doit être sans bornes! C'est encore ce que l'expérience prouve d'une manière irrésistible. On voit tous les jours des hommes que la nature et la fortune avaient traités en marâtres, triompher, par la seule force de leur âme, d'obstacles qui paraissaient devoir les accabler. On voit la laideur disparaître sous les grâces que donnent la vertu, la bonté, ou l'esprit et les efforts soutenus d'une forte volonté changer en perfection des défauts ou des vices que la nature et le destin avaient opposés à cette même volonté. Enfin je crois que si j'ai su rendre mes idées : tu as pu comprendre ce qui est pour moi bien démontré, que notre essence est libre, et notre forme contrainte; et que ces deux forces opposées, et cependant réunies, rendues dépendantes l'une de l'autre par la main puissante du créateur, renferment le lien et le secret de l'univers. Si j'ai su, dis-je, exprimer ce que je sens, tu as pu me comprendre ; mais je ne suis pas assurée d'avoir réussi, parce que cela est fort difficile à dire et à sentir. Dans les combinaisons et les complications infinies de l'âme et du corps, l'esprit se trouve dépendant de tous deux ; il ne peut suivre exactement ni l'une ni l'autre, il les confond, les méconnaît, se trouble, et, dans la confusion que produit sa faiblesse, il croit trouver la preuve de la contradiction ou de l'imperfection d'un principe qu'il voit partout, sans pouvoir l'assigner nulle part. L'esprit nous égare presque toujours : l'âme seule nous éclaire et nous guide sûrement quand nous savons l'entendre ; mais le plus souvent c'est celui-ci qui domine, et alors ce qui nous paraît être existe pour nous, car ce qu'on n'aime pas ne semble jamais bon, et ce qu'on ne comprend pas n'est jamais clair. D'après cette conséquence, ma chère amie, il se pourra bien que tu ne me trouves pas claire;

mais je suis assurée que tu me trouveras bonne, et c'est pour moi l'essentiel.

Revenons à l'éducation dont je me suis un peu écartée. Il y a dans la société trois opinions générales sur ce sujet, que les personnes irréfléchies vous opposent indifféremment, selon la circonstance, et pour appuyer leur manière de voir particulière sur un fait quelconque. Ces opinions sont celles-ci : les hommes naissent moralement tous égaux. Les premières impressions qu'ils reçoivent, les habitudes qu'ils contractent, en un mot, l'éducation fait tout. On prouve cela, car tout se prouve par une foule d'exemples auxquels il n'y a rien à répondre. La seconde, c'est que l'éducation ne peut changer en rien la nature de l'homme, que la nature l'a fait ce qu'il est, et ce qu'il doit-être irrésistiblement, quelle que soit la contrainte qu'on lui impose. Et cela se prouve de même par une quantité de faits irrécusables, puisque tous les grands hommes qui ont illustré leur siècle, de quelque manière que ce soit, n'ont presque jamais reçu d'éducation, ou en ont reçu une contraire au genre de talent qu'ils ont développé. La troisième, c'est que l'homme n'est prédestiné à rien, qu'il n'est contraint en rien, et que ce qu'il est et ce qu'il fait est le résultat de sa volonté. L'éducation lui sert quand il veut en profiter; elle est inutile quand il ne veut pas. Il y a des enfans qui apprennent facilement tout ce qu'on leur montre, parce qu'ils ont la volonté d'apprendre. Il y en a d'autres qui ne savent jamais rien, quelque peine qu'on se donne pour les instruire, parce qu'ils ne veulent rien savoir; et cela est encore très-certain. Trouvez le moyen de faire vouloir un enfant jusque là incapable, et vous serez bien surpris des progrès qu'il fera. Ces trois manières de voir sont en opposition parfaite, et se détruisent nécessairement l'une par l'autre. Eh bien! pourtant elles sont exactes toutes les trois. Considérées chacune en particulier, les conséquences que le raisonnement en tirera seront justes et vraies, parce que la nature est si riche et si flexible, que l'homme qui décompose et analyse trouve toujours des matériaux plus que suffisans au développement de ce qu'il conçoit. Mais trop faible et trop petit pour embrasser l'étendue de ce qui est, il fait le plus souvent le contraire de ce qu'il croit. Au lieu de réunir, il divise; au lieu de créer, il détruit. Le système le plus vaste n'est presque toujours qu'une étincelle de vérité, que l'esprit a divisé avec effort, et classé avec méthode. Je n'aurai pas, ma chère Victorine, la prétention de vouloir tenter ce qui se fait si rarement, et que je regarde comme possible seulement à quelques génies privilégiés. Je suivrai la marche des facultés ordinaires de notre humaine nature; c'est par la division que je tâcherai de réunir les parties d'un ensemble, dont l'observation et la réflexion peuvent bien donner la conscience, mais non pas la démonstration. Ainsi je te dirai que ces trois opinions, ou ces trois manières de voir, ne sont que les trois divisions d'une seule et même chose que l'on ne comprend pas, que je ne me charge pas de t'expliquer en général, mais que j'appliquerai en particulier.

La nature ne fait point de classe : il n'y a pour elle que des individus. Mais nous, pauvres êtres que nous sommes, nous fixons des limites à tout, parce que nous n'arrivons facilement à la conception des grandes choses que par la division, et à leur réunion que par la classification; nous sommes obligés de diviser et de classer tout ce que nous voulons approfondir et tout ce que nous voulons démontrer. Ainsi, je diviserai les hommes, ou au moins les enfans, en trois classes; je leur appliquerai les trois propositions dont il s'agit, et je dirai qu'il y en a pour qui l'éducation fait tout; d'autres, sur qui elle ne peut rien; et d'autres qui peuvent et font tout ce qu'ils veulent faire sans éducation, ou malgré leur éducation; et que le talent d'un instituteur doit être de distinguer les individus qui appartiennent à chacune de ces classes, et de savoir modifier ses soins de manière à tirer le meilleur parti possible de toutes les intentions de la nature. Le père, la mère, ou les personnes qui les remplacent, doivent se conduire, avec les enfans qu'ils dirigent, comme le cultivateur habile avec la terre qu'il défriche. Il étudie d'abord la nature du sol, il distingue la terre grasse des terrains sablonneux et argileux, et ne confond point les marécages avec les plages sèches et pierreuses; ensuite il sait quelles sont les plantes qui aiment l'ombre ou l'ardeur du soleil, la sécheresse ou l'humidité, et il les place là où elles peuvent acquérir tout le développement dont elles sont susceptibles. Si par malheur il a dans son domaine quelques landes arides qui se refusent à la culture, dont le sol ingrat détruit les bonnes semences qu'on dépose dans son sein pour faire croître en abondance les bruyères ou les orties, il ne s'amuse pas à lui confier les mêmes grains qu'il donne au bon terroir; mais il cherche quel parti il est possible de tirer de ce qu'elles produisent naturellement, et quelles sont les plantes qui, appropriées à la nature de la terre, pourraient, en s'y développant, en s'y multipliant, étouffer les mauvaises herbes qui l'épuisent, et les rendre, avec le temps, sinon une terre fertile, au moins une terre utile. Voilà ce ce que fait un bon agriculteur : sans s'embarrasser d'où vient la différence des terres, il les distingue, cherche à les connaître, et les améliore en les cultivant. Mais si, parce qu'il ne saurait expliquer d'où vient cette différence, il la niait, il serait assurément un mauvais cultivateur. Il en est de même du naturel des enfans. Je suis sûre que la différence existe : j'ai tâché de te l'expliquer et de te la faire comprendre du mieux qu'il m'a été possible, sans croire pourtant nécessaire de savoir comment et pourquoi elle existe ; il suffit, ce me semble, que l'expérience la prouve irrésistiblement pour qu'il soit permis de l'admettre, parce que je suis convaincue que, nier les faits qui nous sont démontrés par ce fanal de notre jugement, sans avoir d'autres raisons que celles qui naissent de la peine que l'on a à les comprendre, ou des contradictions que leurs diverses apparences peuvent offrir entre eux, c'est montrer son orgueil ou avouer sa faiblesse.

Ces réflexions ne te sont pas adressées, ma chère amie, car je suis assurée d'avance que tu seras de mon avis. Je les ai faites, parce qu'elles naissent du sujet ; et elles pourront te servir à réfuter ceux qui te blâmeraient de partager mes idées, ou te critiqueraient dans l'application de ces principes.

Il est fort essentiel, en parlant d'éducation, de bien déterminer ce que l'on entend par elle. On dit ordinairement que l'éducation est la manière de soigner et d'instruire les enfans, et ce n'est en effet pas autre chose; mais il y a tant d'opinions, tant de méthodes différentes, que le mot est fort loin d'en donner l'idée. Moi, je distingue d'abord deux éducations : l'éducation physique et l'éducation morale. J'entends par la première celle qui sert à développer le corps de l'enfant, à lui donner la force, l'agilité, les grâces qu'il est susceptible de recevoir, à lui faire connaître toutes les sciences, tous les arts, tous les talens qu'il est capable de posséder. Des professeurs et des instituteurs savans ont publié, sur les différentes parties de cette éducation, des méthodes qui ont eu plus ou moins de succès, et dont quelques-unes sont assurément très-bonnes. Cette partie de l'éducation a été extrêmement perfectionnée depuis quelque temps dans beaucoup d'institutions, et les bons maîtres sont en très-grande quantité, surtout à Paris. Toutes les personnes qui possèdent bien une science, un talent quelconque, peuvent toujours l'enseigner à un autre avec plus ou moins de facilité; mais pour faire ce qu'on appelle un bon maître, il faut avoir reçu de la nature une certaine disposition, un certain goût pour l'enseignement qui ne se donne ni ne s'acquiert. C'est cette faculté qui fait trouver les bonnes méthodes, qui donne la clarté dans les explications, la patience dans les répétitions, qui sait toujours diminuer les difficultés qui embarrassent l'élève, et bannir l'ennui de la leçon. Cette faculté n'est pas très-rare, et on peut, comme je viens de te le dire, trouver très-facilement de bons maîtres pour toutes les parties de l'éducation physique, et des instituteurs excellens pour elle en général. Mais pour l'éducation que j'appelle morale, ils sont fort rares; et c'est à eux qu'il faut appliquer ce que dit J.-J.

Rousseau dans le commencement de son Emile.

L'éducation morale est la plus importante, la plus difficile, et c'est celle dont on s'occupe le moins, celle même dont le plus souvent on ne s'occupe pas du tout. Cette éducation, qui consiste à connaître les facultés de l'esprit, les bons ou les mauvais penchans que l'élève a reçu de la nature, à trouver les moyens de développer les uns, de comprimer et d'étouffer les autres, sans détruire et même sans blesser l'individualité de son être et l'indépendance de son âme; cette éducation, sur laquelle repose toute la moralité, d'où dépend le vice, la vertu et le bonheur à venir de l'enfant; cette éducation, dis-je, commence dès le berceau, et doit suivre le développement de l'être que l'on veut former. Or, quelle est l'éducation que les enfans reçoivent généralement dans les six ou huit premières années de leur vie? On peut souvent regarder comme un bonheur qu'elle soit nulle par la manière dont elle est dirigée, ou par les mains à qui elle est confiée. Ce que tu me dis dans ta dernière lettre, ma chère Victorine, sur le peu de soin que l'on apporte à cette première éducation des enfans dans la ville que tu habites, est malheureusement applicable partout. A Paris, et dans les autres provinces tout comme dans la tienne, on abandonne le plus souvent les petits enfans aux servantes, sans penser le moins du monde aux dangers qu'on leur fait courir. Bien que ce soit une chose assez générale, il y a pourtant beaucoup d'exceptions particulières. Il y a des mères qui, comme toi, ou comme moi, ont toujours trouvé que soigner leurs enfans, veiller sur eux, les observer, les diriger, était la plus agréable, la plus douce, et surtout la plus utile des occupations. Mais malheureusement, c'est encore le petit nombre. On ne sait pas assez de quelle importance est cette première éducation sur la vie entière des hommes ou des femmes; on n'y réfléchit pas, et c'est pourtant d'elle que tout dépend : ce n'est que dans les premières années que l'on peut modifier, changer les dispositions des enfans. Ce n'est pas avec du marbre que le sculpteur modèle d'abord la figure qu'il veut exécuter, mais avec une terre molle et flexible, qui reçoit sans peine l'empreinte de ses doigts, et se prête sans effort aux formes qu'il veut lui donner. Ce n'est pas quand l'enfant est grand, quand ses facultés sont développées, qu'il faut essayer de les changer, ni même de les diriger; il n'est plus temps : la force et la contrainte ne lui apprennent plus qu'à dissimuler. Renfermé dans son âme, il se rit de vos efforts qu'il trouve injustes, et vous trompe pour vous plaire, ou pour échapper à la tyrannie de votre ascendant. Ce n'est que lorsqu'il est encore inconnu à lui-même, étranger à toutes les sensations que le plaisir et la douleur corporelle ne font pas naître, qu'il est possible de déterminer la tendance de sa volonté, de comprimer les mauvais penchans qui se montrent, et de favoriser le développement des bons; et, de quelque manière qu'on s'y prenne, ce n'est certainement qu'alors que cela se peut faire, et que cela se fait par la volonté de ceux qui dirigent les enfans, ou à leur insu; de même que ce n'est qu'alors qu'une mauvaise éducation peut corrompre un bon cœur. Cette phrase proverbiale, très-vulgaire, que l'on entend répéter journellement, est très-vraie ; mais lorsqu'il s'agit d'un enfant déjà formé : « Chassez le naturel par la porte, il rentre par la fenêtre : » aussi ce n'est pas à chasser le naturel que doit travailler un instituteur, la chose est impossible, et, en la supposant faisable, serait toujours dangereuse, mais à l'empêcher de se développer dans ce qu'il a de mauvais, et à l'exciter dans ce qu'il a de bon.

Je suis obligée de revenir ici sur ce que je t'ai déjà dit, ma chère amie ; on ne peut jamais bien expliquer, ni bien démontrer les choses, qu'en les divisant et en les classant : c'est pourquoi je suis forcée, pour être claire dans l'enchaînement de mes idées, de séparer les enfans, par la différence des caractères et de l'intelligence, en trois classes. Il y en a qui viennent au monde avec des dispositions si malheureuses, que tous les efforts possibles de la meilleure éducation morale et physique ne peuvent pas plus les changer, que le médecin le plus habile ne peut faire de celui qui a été formé dans un sang vicié, et dont toutes les humeurs ont été corrompues avant de naître, un homme sain et robuste. Il y en a d'autres qui, favorisés par la nature, et doués par elle des plus belles comme des meilleures facultés, sont toujours, quelle que soit leur éducation, des êtres bons, savans et vertueux. Mais il y en a encore d'autres, et ceux-ci forment une classe beaucoup plus nombreuse à elle seule que les deux premières réunies, chez qui les facultés bonnes ou mauvaises sont, au moment de la naissance, médiocrement prononcées, qui se développent lentement, et semblent attendre, pour être quelque chose, qu'on leur fasse connaître qu'ils en ont la possibilité; ou bien qui, d'une complexion délicate, d'une humeur facile, se laissent aisément conduire là où l'on veut les mener. Cette classe, dans laquelle se renferment tous les hommes et les femmes qui forment l'ordinaire de l'humanité, reçoit de l'éducation morale la forme et la tendance de toute la vie. Ce sont ces enfans là qu'il est possible de former et de diriger quand on s'y prend bien, et que l'on commence assez tôt. Comme heureusement les monstres dans l'ordre moral et physique sont en petit nombre, et que, malheureusement les génies supérieurs le sont aussi, on peut dire, sans craindre de se tromper, que l'éducation morale forme les hommes au bien ou au mal, qu'elle est la base de la vertu et du bonheur, et que c'est sur elle que repose le perfectionnement de la société.

L'idée que le perfectionnement et la vertu du plus grand nombre des hommes dépend de leur éducation morale, c'est-à-dire, des principes qu'on leur inculque dans leurs premières années, m'a rappelé une circonstance dont je ne sais si tu as entendu parler lorsque tu étais avec moi dans la pension. J'avais fait, à propos d'une distribution de prix, un discours que je lus devant un auditoire assez nombreux. Dans ce discours, où j'énonçais mes principes et mes idées sur l'éducation des jeunes filles, j'avais fait, pour arrondir et terminer une période, cette phrase : « Sans instruction morale, il n'est point de vertu, et sans vertu, il n'est point de bonheur. » Je reçus le lendemain une lettre anonyme, écrite avec toute la chaleur d'une violente indignation, dans laquelle on me chargeait de transmettre à l'auteur du discours tous les reproches qu'elle contenait, parce qu'on ne croyait pas une femme capable d'avoir conçu et exprimé un paradoxe aussi absurde et aussi révoltant : je répondis à l'auteur de cette lettre, que je ne connaissais pas, en expliquant ma pensée dans le discours que je fis pour la distribution de l'année suivante, et il ne fut plus question de cela. Lorsqu'en écrivant, cette petite aventure s'est représentée à mon esprit, j'ai cherché ce discours pour juger si toutes les observations et les réflexions que j'ai eu le temps de faire depuis l'âge de vingt-deux ans que j'avais alors auraient beaucoup changé mes opinions. Je ne dirai pas aujourd'hui, sans avoir préablement expliqué ma pensée, que, sans instruction morale, il n'est point de vertu, parce qu'en effet cela a l'air d'un paradoxe.

Mais je te l'ai dit tout à l'heure, et je le répète avec confiance, bien certainement l'instruction morale est la base ou le soutien de la vertu. On peut, dans la vertu, se passer d'instruction, comme un aveugle se passe de conducteur, en s'abandonnant à son impulsion intérieure; mais si elle repose sur un combat, qui dirigera les efforts? comment choisir entre le bien et le mal, si on n'est pas assez instruit pour les distinguer? et qui ne sait combien, dans beaucoup de circonstances, sont fugitives les nuances qui séparent ces deux extrêmes? Pour expliquer ma pensée plus clairement, il faudrait définir ici la vertu, et ce que j'entends par instruction morale; mais cela m'entraînerait trop loin de mon sujet. Il n'est pas nécessaire, pour le but que je me propose, de déterminer la somme d'instruction que l'on peut ou qu'il faut avoir pour se bien conduire dans le cours de la vie; d'ailleurs, cela n'est point une chose facile, et t'importe beaucoup moins pour le présent que la manière d'élever les enfans; et comme c'est la manière de les élever qui détermine, pour un très-grand nombre, le plus ou le moins d'instruction qu'ils posséderont un jour, lorsque les nôtres seront grands, nous pourrons peut-être nous rendre raison de la nature et de la quantité de celle qu'ils auront acquise par nos soins.

Qui est-ce qui a été chargé par la nature comme par la société d'élever les enfans? qui est-ce qui peut donner cette éducation primitive dont je parlais avant cette petite digression? qui est-ce qui la donne en effet bonne ou mauvaise? Ce sont les femmes! les femmes qui, appelées par la nature à former les hommes, à recevoir du titre sacré de mère le plus juste comme le plus noble empire, dédaigne trop souvent d'en remplir les devoirs, et les sacrifient aux illusions de la vanité et de la coquetterie, sans regretter les plaisirs purs et vrais qui les récompenseraient si amplement dans l'âge mûr des soins de leur jeunesse. Tu connais tout ce que Jean-Jacques Rousseau a dit pour engager les femmes à nourrir elles-mêmes leurs enfans : bien que je sois entièrement de son avis sous beaucoup de rapports, je pense pourtant qu'il a été trop loin en affirmant que toutes les mères peuvent nourrir; car, malgré que la nature paraisse en contradiction avec elle-même, il est bien certain qu'il y a des femmes qui font des enfans bien portans, et qui n'ont pas une goutte de lait à leur donner; il y en a d'autres qui ne peuvent espérer de conserver ceux qu'elles mettent au monde, qu'en leur donnant une nourrice saine et vigoureuse. Au reste, ces observations sont du ressort de la médecine; et cette science peut seule prononcer avec connaissance de cause sur ces exceptions ou sur d'autres circonstances, qui peuvent bien forcer une mère à ne pas nourrir son enfant, mais ne l'empêchent pas de l'élever elle-même, si elle le veut. Elle peut avoir une nourrice chez elle, ou, si des obstacles s'y opposent, l'aller voir souvent; et comme une nourrice dont le lait est presque toujours vieux ne peut guère nourrir plus d'un an ou quinze mois, souvent beaucoup moins, la mère qui voudra posséder entièrement les premières affections de son enfant n'aura qu'à prendre immédiatement la place de la nourrice en le sevrant elle-même : de cette manière, il n'en peut pas conserver de souvenir, et l'éducation n'en souffre aucunement. Les éloquens reproches de l'auteur de l'Emile firent assez d'impression lorsque son livre parut pour engager beaucoup de femmes à suivre l'impulsion de la nature dans le premier des devoirs qu'elle nous impose ; mais il ne suffit pas de donner à téter à son enfant pour remplir tous ceux d'une mère ; on le doit certainement quand on le peut, et c'est dailleurs un si grand plaisir, un si grand besoin, que je ne conçois pas qu'on puisse s'abstenir de le satisfaire sans y être forcé : pourtant, quand on ne veut se priver d'aucun des plaisirs frivoles de la société, qu'on passe une partie des nuits au jeu ou au bal, et la moitié du jour à sa toilette, on ferait beaucoup mieux de donner une nourrice à son enfant, parce qu'une nourrice s'y affectionnerait davantage qu'une bonne, et le nourrirait plus sainement. Je ne sais si tu te rappelles d'une certaine dame bien jolie, bien élégante, avec qui, sans la connaître, nous faisions conversation dans un bal très-nombreux où nous étions ensemble. Cette dame était arrivée au bal avant nous : il était alors trois heures du matin ; elle nous apprit en causant qu'elle était nourrice, qu'elle avait un petit garçon de deux mois, que c'était bien pénible, bien désagréable de nourrir, que cela épuisait le tempérament d'une jeune femme, etc., etc. C'est sûrement cela qui vous rend si maigre, lui dit en riant un monsieur qui paraissait fort lié avec elle. Comme cette dame était très-grasse, la conversation changea de sujet, et roula sur l'embonpoint. On vint nous prendre toi et moi pour danser, et j'évitai avec grand soin de me trouver ensuite auprès de cette dame, de peur de lui laisser voir la mauvaise humeur que ces propos m'avaient donnée contre elle. Je ne pouvais pas m'empêcher de penser à ce pauvre petit garçon de deux mois, qui aurait dû téter deux ou trois fois depuis que sa mère était au bal. Je me rappelais que pendant le souper, je lui avais vu manger une foule de choses qui ne pouvaient faire que du mauvais lait, quand bien même la nuit agitée qu'elle passait ne l'aurait pas déjà gâté; et je souffrais en pensant au mauvais déjeuner qu'allait faire cette innocente créature, qui sûrement attendait avec une grande impatience l'espèce de poison dont sa mère allait l'abreuver. Nous en parlions ensemble, et je te disais ce que je viens d'écrire tout à l'heure : il vaut mieux donner une nourrice à son enfant que de le nourrir ainsi. Les mêmes motifs qui font qu'une femme jeune et bien portante trouve pénible de donner à téter à son fils, lui feront trouver aussi fort ennuyeux, et partant fort inutile de soigner elle-même son éducation, et je serai obligée de convenir encore que probablement elle sera aussi bonne dirigée par une autre. Quant aux mères qui sont forcées de ne pas nourrir par leur constitution, leur santé ou la volonté de leur mari, elles peuvent se consoler de cette privation par les soins qui suivent la nourriture. Car, comme j'avais commencé par te le dire, il ne suffit pas de donner à téter; le plus important c'est d'observer les sensations de son enfant, les premiers mouvemens de son cœur, de veiller sur ses habitudes, enfin de pressentir l'homme, pour pouvoir le diriger et le mettre dans la bonne voie, dans la voie que ses facultés peuvent lui faire parcourir avec le plus d'avantages pour lui, et le plus d'utilité pour la société. Eh ! voilà les soins que les femmes sont appelées à prendre ! Eh ! voilà l'empire qu'elles devraient de préférence chercher à obtenir et à mériter ! Tu connais cette réponse d'une Spartiate à cette dame athénienne, qui lui disait : Mais d'où vient que vous autres femmes de Sparte, vous êtes les seules qui commandiez aux hommes ? C'est que nous sommes les seules qui sachions faire des hommes, répondit celle-ci. Les femmes de notre moderne Europe désirent tout autant que celles de la Grèce d'influencer les hommes ; mais la gloire de leur commander de cette manière n'est pas généralement l'objet de leur ambition, la plupart même ne la soupçonne pas : c'est dans l'éclat passager de leurs charmes qu'elles mettent tout leur triomphe ; c'est ainsi que, pour respirer le parfum fugitif de quelques fleurs stériles, elles sacrifient dans leur printemps une abondante récolte de fruits doux et savoureux, qui auraient charmé l'automne, alimenté et soutenu l'hiver de leur vie. Mais si beaucoup de mères négligent leurs devoirs, ce n'en sont pas moins les femmes qui donnent la première impulsion, et tracent, à la vérité presque toujours sans le savoir, le sentier que l'enfant doit parcourir avec plus ou moins d'entraves. La nourrice, ensuite la bonne ou la gouvernante, selon le rang, donnent au petit être qu'elles dirigent, ou lui laissent prendre une forme que le plus habile instituteur n'effacera jamais, si elle est mauvaise, et ne fera que développer, si elle est bonne.

C'est depuis le moment que la dentition est terminée, jusqu'à l'âge de sept à neuf ans, selon que les enfans sont plus ou moins précoces, qu'une mère sage et attentive doit veiller sur eux et les diriger. Les observations qu'il faut faire, les soins qu'ils demandent, sont de tous les instans; le jour, la nuit, pendant leurs repas, pendant leurs jeux, l'œil d'une mère ou d'un père, si ses occupations le lui permettent, et si son cœur l'y porte, doit les suivre, les juger et les conduire. C'est dans cet intervalle que les bases du caractère se posent, que les goûts se développent, et que l'aptitude se prend. Ne t'imagine pas, ma chère Victorine, que les goûts d'un enfant de sept à huit ans soient une chose indifférente, qui, comme on le dit, change avec l'âge. Tu comprends bien que je prends ici le *goût*, dans l'acception morale, et que je ne veux pas parler du sens, qui nous fait juger de la sapidité des mets destinés à la nourriture de notre corps, et trouver du plaisir à satisfaire notre appétit, car assurément le goût ou la répugnance que les enfans éprouvent pour certains alimens n'est point une chose durable, ni qui puisse faire préjuger en rien de ceux qu'ils auront étant grand ; mais la préférence qu'ils témoignent pour un amusement plutôt que pour un autre, pour une occupation quelconque, pour un spectacle, dévoile à l'observateur attentif les passions qui un jour enflammeront ces âmes encore engourdies.

C'est depuis sept ou neuf ans, jusqu'à

l'époque de la puberté, que l'éducation que j'appelle physique, parce qu'elle s'applique à tout ce qui est extérieur, et s'appuie toujours sur des faits, et l'éducation morale, qui n'est que le développement et la direction de la volonté, doivent marcher ensemble, se soutenir et s'accorder de manière à mettre toujours le corps et l'esprit en équilibre, pour que la santé et le plus grand perfectionnement possible de l'individu soient le résultat de son éducation. C'est à l'approche de la puberté que l'instituteur ou l'institutrice doivent redoubler d'attentions et de soins. Cette crise importante, qui influe également sur le corps et sur l'esprit, détermine et fixe pour jamais la nature de l'homme et de la femme. L'enfant disparaît à cette époque : c'est un être nouveau, dont les formes apparentes ou cachées ont reçu une extension et une direction nouvelles. Des causes souvent accidentelles, souvent dues à la nature de l'éducation, mais souvent aussi dépendantes de la primitive organisation, changent quelquefois entièrement les individus : les beaux deviennent laids, et les laids deviennent beaux ; des dispositions très-marquées pour les arts, pour les sciences, ne produisent plus rien, après les changemens que cette crise a produits ; d'autres, au contraire, qui n'en avaient montré que de très-médiocres, prennent tout à coup un accroissement rapide, et vont bien au-delà de ce qu'on espérait d'eux. Cette époque, beaucoup plus remarquable chez les femmes, mais non moins importante chez les hommes, doit donc être prévue et observée avec soin par les instituteurs capables de diriger le moral de leurs élèves, et de les conduire dans le sentier de la vertu et du bonheur. Jusque-là on avait pu les modifier, on pouvait encore les diriger ; mais après, on ne pourra plus que fournir des élémens, donner des conseils, et prêcher d'exemples.

Tu vois, ma chère amie, que l'éducation morale, comme l'éducation physique, se trouve naturellement divisée en trois parties ou trois époques, dont la première, qui commence le jour de la naissance, va jusqu'à la sortie des dernières dents, la seconde, depuis cette première dentition jusqu'à celle qu'on appelle des dents de sept ans, et la troisième, depuis cette seconde crise jusqu'à la dernière, qui est l'époque de la puberté. Je ne saurais te fixer un âge pour aucune de ces époques, parce qu'elles varient selon les individus. Il y a des enfans qui viennent au monde avec des dents, d'autres à qui les premières percent à deux ou trois mois, et qui les ont toutes à un an et demi, tandis que quelques-uns n'en ont point encore du tout à cet âge. Pourtant, dans le plus grand nombre, les premières dents sortent à la fin de la première année, et les dernières à la fin de la troisième. Les dents de sept ans poussent aussi beaucoup plus tôt ou beaucoup plus tard chez les différens enfans ; il y en a qui commencent à perdre les premières avant sept ans, et j'en ai vu qui, à dix, n'en avaient encore perdu que deux. Comme j'en témoignais une fois mon étonnement à une personne, elle me raconta l'histoire d'une demoiselle de sa connaissance intime, qui les avait conservées jusqu'à vingt ans, et ne commença à les renouveler qu'à l'époque de son mariage. Tu sais que l'instant de la puberté varie chez les femmes de notre climat depuis douze jusqu'à dix-huit ans; et, quoique en général beaucoup moins précoce chez les hommes, elle varie pourtant beaucoup aussi. On voit des jeunes garçons à qui la barbe pousse et la voix mue dès l'âge de quatorze à quinze ans, tandis qu'il y en a d'autres qui, à vingt, ont encore l'air de filles habillées en homme. On ne peut donc rien dire de précis sur le moment que la nature choisit pour opérer ces importans changemens, parce qu'ils dépendent toujours des individus; mais on peut pourtant être à peu près sûr que, dans le plus grand nombre, le moral est d'accord avec le physique, et que, hormis quelques exceptions qui ne doivent jamais infirmer les règles, l'enfance de l'esprit se prolonge avec celle du corps.

La première époque de l'éducation n'est, à proprement parler, que la manière de nourrir et de soigner les enfans; la seconde, qui commence à être véritablement une éducation, et une éducation que je regarde comme très-importante, doit être la même, à très-peu de chose près, pour les deux sexes; mais la troisième doit en différer entièrement. Comme les hommes et les femmes ne se ressemblent pas, ils ne doivent point être élevés de la même manière. Ayant, comme toi, commencé par faire une fille, et tenant une pension de demoiselles, il est bien naturel que l'éducation des femmes m'ait occupée particulièrement; aussi, quand nous en serons là, je crois que je pourrai écrire avec plus de facilité, et que je serai moins embarrassée pour t'exprimer mes pensées que je ne l'ai été jusqu'à présent.

Je t'ai déjà écrit, l'année dernière, les choses les plus importantes à connaître pour se bien conduire dès les premiers momens de la naissance de l'enfant, pour servir le mouvement de la nature, favoriser son développement, et le faire jouir d'une bonne santé. Mes lettres ont pu suppléer, et suppléeront encore à ce que j'avais omis, ou à ce que je n'avais pas assez bien expliqué; et tandis que la beauté et la santé de ta fille prouvent d'une manière certaine la bonté de la méthode que tu suis pour cette première époque, je m'occupe de la seconde : pendant que tu mettras ces nouveaux préceptes en pratique, j'acheverai de rédiger mes idées sur l'éducation des filles, sur laquelle tu sais bien que j'ai déjà commencé à travailler. Tant de choses se sont toujours opposées à ce que je pusse écrire, que la plupart de mes pensées sont encore tout entières dans ma tête ; mais le désir de te les faire connaître saura bien, je pense, m'exciter assez pour me les faire mettre sur le papier ; et, si je parviens à remplir cette tâche, tu posséderas mes principes sur l'éducation toute entière. Dans tous les cas, la seconde partie ne paraît pas maintenant pouvoir te manquer, et c'est à mon gré la plus importante et la plus utile pour toi, parce qu'elle t'est moins connue que l'autre. Ce partage de l'éducation en trois époques est fort naturel, puisqu'il s'accorde avec le développement de la nature ; mais il est encore très-favorable à la division que je suis obligée de mettre dans mon ouvrage, pour ne pas le rendre inutile en te le faisant attendre trop long-temps; car, au train dont j'y vais, ta fille aurait toutes ses dents bien avant que j'aie terminé, si je voulais te dire à la fois tout ce que je crois utile de te faire connaître. On dirait que cette chère petite est venue au monde tout exprès pour me forcer à écrire; et, en examinant la chose sous certains rapports, il serait bien possible, bonne et tendre amie, que je dusse te savoir gré de l'obligation que tu contractes avec moi; car, sans la promesse que tu as réclamée, sans le désir que tes lettres m'expriment, je n'aurais jamais eu le courage d'écrire sur l'éducation au milieu des peines et des anxiétés qui m'affligent.

La vive amitié qui m'oblige à ce travail, et me fait oublier ainsi une partie de mes chagrins, pouvait seule les alléger, distraire mon esprit, et soulager mon cœur. Ah! nous avons toutes deux de grandes obligations à ce sentiment! mais je suis bien sûre que la reconnaissance qu'il nous impose ne pèse pas plus à toi qu'à ton amie.

Adieu, bonne et chère Victorine, je vais terminer ici la copie de mon cahier pour profiter de l'occasion qui se présente de te faire parvenir sûrement cette première partie.

LIVRE III.

Tu dois, je crois, savoir maintenant avec certitude une chose qui est très-vraie, ma chère amie, c'est qu'on ne peut pas donner des règles particulières d'éducation applicables à tous les enfans indistinctement : mais, qu'au contraire, elles doivent toujours être modifiées, si bonnes qu'elles soient en général, par le caractère connu de celui auquel on les applique. Il faut donc nécessairement connaître son élève, ne pas se tromper sur ses véritables dispositions, et ne pas s'imaginer qu'il suffit de vouloir qu'il fasse les choses pour qu'il le puisse, ou bien que, parce que son frère, son cousin, son camarade le fait, il peut les faire de la même manière, dans le même temps, avec la même méthode ou la même facilité : c'est une erreur très-préjudiciable aux enfans. L'art peut quelquefois embellir la nature, mais ce n'est jamais qu'en l'imitant, et, pour l'imiter, il faut la connaître. Pour embellir, c'est-à-dire, perfectionner le moral d'un enfant, il faut irrésistiblement savoir ce que la nature l'a fait, et on ne peut le savoir sûrement que par une étude constante et des soins assidus. Si médiocre que soit la science, cette étude et ces soins auront toujours d'heureux résultats quand ils seront dirigés par une mère, et inspirés par son amour. Rien n'est plus facile pour une mère tendre et éclairée, qui a nourri son enfant, qui ne l'a jamais quitté, qui l'a observé constamment, et le surveille sans cesse, que de savoir au juste ce qu'il peut ou ne peut pas, quelle est la manière la plus favorable de lui présenter les choses pour qu'elles ne le rebutent pas, comment il faut exciter sa volonté ou la retenir, quelles sont les fautes qu'il a le plus de penchant à commettre, et quelles sont les punitions, les corrections qui lui sont les plus sensibles, et qui ne compromettent ni sa santé ni son intelligence, ni son caractère : rien de plus facile pour une mère,

5**

parce que le sentiment profond de son amour maternel lui fait trouver, par l'instinct de son cœur, la solution des problèmes moraux les plus compliqués. Elle devine, elle sent ce que pense son enfant; elle lit sur sa figure, dans ses moindres gestes l'idée qui vient de naître, le sentiment qu'il éprouve, l'espiéglerie qu'il médite ou le repentir d'une faute qu'il a commise en cachette. Les rapports directs, les liens secrets, mais positifs, qui réunissent la mère et l'enfant agissent sur tous les deux également, et donnent à leurs sensations morales une facilité de communication qui ne se rencontrera jamais avec d'autres personnes, toutes choses d'ailleurs égales au même degré. Une mère récompense, caresse, tolère ou punit avec le même avantage, et toujours la même tendresse; tendresse, qu'on ne peut ni décrire ni connaître, quand on ne l'a pas éprouvée; tendresse qui exalte comme l'amour, mais dont la flamme vive et pure brille toujours sans jamais brûler. S'il existe un amour calme et passionné, dégagé, de toutes influences sensuelles, un amour pur, un amour de l'âme, c'est l'amour maternel ! C'est avec cet amour, mais cet amour véritable, qu'une mère remplace toujours avec fruit la science ou les talens qui peuvent lui manquer; et ce n'est qu'avec beaucoup de talens, de soins et d'expérience qu'une autre femme peut suppléer une mère; car, quelque influence que l'art et la science puissent donner, elle ne vaudra jamais celle de l'amour. Les considérations ou les difficultés que j'envisage ici paraîtraient bien ridicules à ces femmes ignorantes et froides, qui s'imaginent, lorsqu'elles ont donné régulièrement à boire, à manger et le fouet, avoir rempli parfaitement leur tâche, et fait tout ce qu'on peut faire de bon et d'utile.

Ce qu'il faut donc pour faire une bonne éducation, premièrement et avant tout, c'est de se faire aimer, c'est de posséder la confiance de l'enfant qu'on veut bien diriger et bien instruire; rien assurément de plus naturel, de plus aisé à une mère qui a rempli tous ses devoirs, et que le bien-être de son enfant a constamment occupée; mais rien souvent de plus difficile à celles qui ont négligé leurs premières années. J'ai vu des enfans qui avaient conçu pour leur nourrice une telle affection, que la maison de leurs parens n'était pour eux qu'un lieu d'exil et de douleur. J'en ai vu d'autres qui aimaient leur bonne avec une tendresse beaucoup plus vive que celle qu'ils avaient pour leur mère; et lorsque ces premières impressions sont fortes, il faut beaucoup de soins et d'adresse pour les effacer sans nuire au caractère de l'enfant. La première affection des enfans est purement instinctive. Ils aiment d'abord le sein qui les nourrit et le bras qui les porte; ensuite ils aiment la main qui leur donne des bonbons, des joujoux; ils aiment cette figure qui leur exprime mieux qu'aucune autre la tendresse et l'amour; ce son de voix qui, le premier, a éveillé dans leurs oreilles la faculté d'entendre; enfin ils aiment ce qui satisfait leurs besoins et contribue au développement et à la satisfaction de leurs sens. Mais une nourrice douce et bonne y contribue autant et mieux qu'une mère altière et indifférente, qui n'use de ses droits que pour gronder, et qui croit fonder son empire en asservissant à ses caprices. Je préférai toujours dans toute espèce de sentiment l'instinct du cœur au calcul de l'esprit. Mais c'est surtout dans les soins que demandent les premières années de la vie, qu'il est vrai de dire que rien ne remplace la tendresse. C'est cette tendresse qui fait naître celle des enfans; ce sont les douces émanations d'une âme tendre qui font germer, qui vivifie dans leurs jeunes cœurs ces affections délicates et pures, qui excitent à chercher, et ne laissent trouver le bonheur qu'au sein de la vertu. Cette espèce d'instinct, cette affection, pour ainsi dire matérielle, que l'enfant éprouve tant qu'il n'a encore que des sensations physiques, change de nature avec le développement de ses facultés, et devient ordinairément le premier besoin de son âme, après avoir été la première sensation de sa vie. Quand un enfant, doué d'une âme tendre et sensible, ou ardente et passionnée, qui lui fait éprouver, dès les premiers momens de son existence, le besoin d'aimer et d'être aimé, se trouve trompé dans son premier sentiment, c'est-à-dire, qu'il l'éprouve pour une femme qui n'est point sa mère, et qu'il est obligé d'oublier, la douleur qu'il en ressent est réellement très-cuisante, et il faut beaucoup de douceur et de soin pour pouvoir mettre un autre sentiment en place de celui-là, sans lui faire un mérite de son changement, ou un devoir de l'ingratitude. Mais quand c'est une véritable mère qui obtient cet amour, il est ineffaçable; les passions les plus ardentes, le temps ni l'âge ne le détruisent pas. On se reporte toujours avec joie aux premières années de sa vie; le cœur bat toujours délicieusement aux souvenirs des innocens plaisirs et des tendres caresses que nos parens nous ont prodigués; et lorsque l'on a été assez favorisé du destin pour goûter dans toute sa plénitude le bonheur d'une heureuse enfance, il n'y a que le plaisir d'être mère qui puisse faire oublier celui d'être fille. Peut-être même que, chez les hommes, ce sentiment ne balance pas le premier, et qu'une mère qui possède l'amour et la confiance de son fils peut espérer de les conserver quand elle les mérite réellement, même au milieu de toute l'effervescence des passions. Il ne faut, pour être aimé de ses enfans, qu'être leur mère, c'est-à-dire, en remplir tous les devoirs; il ne faut, pour obtenir leur confiance, que leur persuader que leur bonheur est la seule règle de vos actions; et cela est bien facile, quand cela est vrai. Quelle que soit la froideur naturelle, l'indifférence, l'apathie d'un enfant, il aura toujours pour sa mère un sentiment plus vif et une confiance plus grande que pour tout autre, à moins que ce ne soit pour son père, parce qu'il arrive quelquefois que la différence des caractères ou des soins particuliers peuvent faire donner la préférence à celui-ci; mais que ce soit l'un ou l'autre, ou tous les deux ensemble, comme, dans tout le cours de notre existence, les premiers sentimens sont les plus durables, et les premières sensations les plus vives, l'affection que font naître les premières jouissances de la vie doit être la plus profonde, comme elle est la plus pure.

Il ne faut pas croire, comme le pensent

quelques mères plus tendres qu'éclairées, qu'en satisfaisant toutes les fantaisies de son enfant, on le rendra plus heureux, ou que l'on s'en fera aimer davantage. C'est une erreur; mais cette faute est pourtant bien moins grande que celle que commettent les parens qui, donnant dans l'excès opposé, s'imaginent que les enfans ne doivent pas avoir d'autre volonté que la leur, et qui, pour les rendre raisonnables, en font de petites machines à ressorts, toujours tremblantes devant eux, et toujours souffrantes sous le poids des devoirs qu'ils leur imposent, et des contraintes auxquelles ils les asservissent. Il faut, pour faire une bonne éducation, éviter avec soin tous les excès; celui de l'indulgence doit être redouté, comme celui de la sévérité : mais j'avoue pourtant que, si je croyais ne pas pouvoir tenir un juste milieu, je préférerais faire pencher la balance du côté où se place la tendresse. J'aimerais mieux ne pas gronder assez que de gronder trop fort, et manquer à bien faire, plutôt que m'exposer à faire mal. Cette manière de sentir est celle de toutes les bonnes mères :

ce n'est que contre leur excessive tendresse et leur trop grande indulgence qu'il est nécessaire de leur donner des armes. Ta dernière lettre, du mois de décembre, fort bien raisonnée, ma chère amie, m'a montré que tu avais déjà prévu les dangers d'une trop grande condescendance aux petits caprices de ta fille, et qu'il me serait facile de te mettre en garde contre l'excès de ton amour maternel.

Il faut, avec les enfans, beaucoup de tendresse et point de faiblesse. On me dira peut-être que la force de la tendresse que l'on a pour eux ôte la force de leur résister; mais je répondrai que cela n'arrive ainsi que dans les sentimens que l'imagination dirige et que les sens excitent; mais que ceux qui ont leur source dans l'âme, et qui ne se manifestent que par les épanchemens du cœur, sont toujours soumis à l'influence de la volonté. Quelle que soit la vivacité de sa tendresse, une mère aura toujours assez de courage pour ne pas céder à ses enfans, si elle est persuadée que sa complaisance peut leur nuire; et c'est la force de cette même tendresse qui lui donnera celle de se contraindre elle-même à leur résister, si cela est utile. Je te répète donc, ma chère Victorine, qu'il faut, avec ses enfans, beaucoup de tendresse et point de faiblesse ; et ce précepte là, il faut le mettre en usage dès les premiers mois de la naissance, dès que les enfans commencent à avoir des volontés. Il faut, comme je te l'ai dit dans mes premières observations, leur prouver qu'on veut leur faire tout le plaisir possible, mais qu'on ne veut pas leur obéir; qu'on les aime, mais qu'on dispose d'eux; qu'ils ne sont rien, et ne peuvent rien par eux-mêmes; il faut leur faire sentir qu'ils sont dans une dépendance absolue; qu'on a le droit et le pouvoir de les contraindre; le leur prouver quand leur volonté est mauvaise, et leur laisser la plus grande liberté d'agir quand elle est bonne; il faut enfin les apprendre à connaître le poids de la nécessité qui pèsera sur eux pendant tout le cours de leur vie, et alléger le fardeau en les accoutumant de bonne heure à le supporter. Mais cette nécessité, sous laquelle ils doivent plier, ne doit pas se trouver dans un caprice de la part du père ou de la mère; elle doit être l'effet d'une chose extérieure. La volonté de ses parens doit représenter à un enfant la Providence divine. Tout ce qui est bien, tout ce qui rend heureux émane d'elle; tout ce qui est mal, tout ce qui fait souffrir vient des hommes, ou est la punition de leurs fautes. Il faut donc que les douleurs, les privations des enfans soient l'effet de la nécessité ou des fautes qu'ils ont commises, et que leurs plaisirs, leurs jouissances soient l'effet de vos soins et de votre tendresse pour eux. Il est bien certain que le plaisir et le bonheur de ses enfans sera toujours le but des actions d'une bonne mère et d'un bon père, mais on peut se tromper sur la manière de le faire et dans celle de leur prouver qu'on le désire; et alors on ne réussit ni à les rendre heureux ni à les rendre sages. Il faut, avec les enfans, avoir toujours raison, c'est-à-dire, être toujours calme. Une personne passionnée, qui ne sait maîtriser ni ses actions ni ses discours, qui se laisse impatienter et mettre en colère, ne fera jamais l'éducation de ses enfans avec avantage ni pour elle ni pour eux. Il faut pouvoir leur démontrer, lorsqu'ils sont assez grands pour comprendre, qu'aucun motif étranger à leur bonheur ne vous fait agir, et savoir le leur faire sentir lorsqu'ils ne raisonnent pas encore. Comment parvenir à ce résultat quand on se laisse maîtriser et entraîner soi-même par les plus petits événemens ? comment leur prouver que c'est la raison qui vous guide toujours, quand vos actions leur montrent à chaque instant que vous ne raisonnez pas ? Chacun sans doute a son caractère et ses défauts. Une personne très-vive dira qu'il ne dépend pas d'elle d'être lente; une personne colère que ce n'est pas sa faute, si le sang lui porte facilement à la tête : et moi j'affirme que l'amour maternel est assez fort pour dompter toutes les habitudes; qu'il donnera à une mère le pouvoir de maîtriser non-seulement ses impatiences, mais toutes les formes de son caractère qui pourraient nuire au bonheur de ses enfans. D'ailleurs, cela est beaucoup plus facile qu'on ne croit : il est bien plus aisé d'être calme et raisonnable avec ses enfans qu'avec les autres personnes. Les passions secrètes ou avouées, qui causent les heurtemens ou les froissemens de caractère, ne peuvent point être émues par les actions d'une petite fille ou d'un petit garçon, qui n'a point encore les dents de sept ans. Il ne peut pas y avoir entre une mère et son enfant choc d'opinions, blessure d'amour-propre, rivalité, jalousie d'état, de rang, d'esprit ou de sentiment, ni rien de tout ce qui trouble les relations sociales et individuelles. On dit pourtant qu'il y a des mères qui sont jalouses de la beauté de leurs filles, et ce caractère a été mis à la scène; je ne nierai point sa vérité, bien qu'elle soit affligeante pour notre sexe, parce que je sais que, dans le bien, dans le mal, comme dans toutes les choses de ce monde, les bornes du possible et de l'impossible ne sont déterminées que par les individus; mais je suis parfaitement sûre que la même mère, qui peut être jalouse de la beauté d'une fille de dix-huit ans, tirerait vanité de celle d'un enfant de six ans; et que le sentiment corrupteur de l'envie que font naître des regrets superflus pour des charmes que le temps commence à flétrir, ne serait jamais entré dans son âme, si elle eût nourri et gardé constamment auprès d'elle l'enfant dont la beauté vient tout à coup éclipser la sienne. Il faut, pour que l'envie ou la jalousie puisse exister entre une mère et sa fille, qu'elles soient devenues étrangères l'une à l'autre, qu'une longue séparation ait affaiblit les liens du sang, et qu'en s'abstenant de suivre les lois de la nature, la mère se soit accoutumée à ne plus entendre sa voix. Autrement son accent pénétrant, toujours divin et sacré pour un cœur maternel, aurait étouffé dès sa naissance celui de toutes les erreurs et de toutes les passions contraires aux devoirs qu'elle impose. Un enfant que sa mère nourrit, n'a de santé, de beauté que celle qu'elle lui donne par ses soins et son lait; toutes ses gentillesses lui appartiennent et rejaillissent sur elle; en grandissant, tout l'esprit, tous les talens qu'il acquiert lui semblent son ouvrage; elle s'en applaudit, elle partage tous les triomphes qu'ils lui procurent; elle en devient fière. Et bien certainement, si l'orgueil peut être excusable, c'est lorsqu'il est produit par les talens et les vertus de ses enfans. Il est facile d'être calme avec les enfans quand on les aime tendrement; ils n'ont de plaisirs, de bonheur que ceux qu'on leur procure : comment pourrait-on, lorsque l'on désire vivement de les rendre heureux, les faire souffrir par l'effet des défauts ou des mauvaises habitudes que nous voulons les empêcher de contracter eux-mêmes? et encore, quels moyens prendra une mère pour empêcher son fils ou sa fille de se mettre en colère, si elle s'y met elle-même sans raison? comment peut-elle espérer ce qu'il faut absolument qu'elle obtienne pour faire une bonne éducation, une confiance sans bornes, si elle lui défend à présent ce qu'elle lui a permis tout à l'heure, sans motif que l'enfant puisse apprécier ni comprendre? Ou bien, ce qui est encore plus mauvais, et ce que j'ai vu trop souvent, une mère de mauvaise humeur inflige une punition à son enfant : dès qu'elle est de sang-froid elle s'en repend, et s'en excuse auprès de lui, quelquefois même elle lui accorde ce qu'il avait demandé, et plus encore qu'il ne voulait. Il est bien bon sans doute de revenir sur ses fautes, et de vouloir les réparer; mais la seule bonne manière dans ce cas là c'est de faire servir le regret qu'on éprouve de les avoir commises à s'en garantir une autre fois. Il ne faut jamais s'exposer à être injuste envers ses enfans; mais si on n'a pu s'empêcher de l'être, il ne faut pas au moins leur en donner la preuve matérielle. Pour éviter ce grave inconvénient, il faut toujours, avant d'agir, se donner le temps de la réflexion, être sûr de ce qu'on fait, de ce qu'on veut faire; et quand il s'agit de refuser ou d'accorder, que la détermination soit invariable; il faut enfin, comme je te l'ai déjà dit, ma chère amie, commencer dès les premiers mois de la naissance de ses enfans à leur faire connaître un *oui* et un *non*, qui ne se démentent ni par tendresse ni par impatience. Ainsi, par exemple, et pour reprendre les choses dès le commencement, un objet d'une couleur vive frappe les yeux du petit que vous tenez dans vos bras, il veut le prendre, le toucher, le manger : vous examinez promptement la chose; s'il n'y a pas d'inconvéniens à le satisfaire, il faut le lui donner sur-le-champ; s'il y en a, il faut le lui refuser; et quels que soient ses cris et ses pleurs, persister dans votre refus. Quand l'enfant est tout jeune, on se contente d'ôter l'objet, ou de l'emporter lui-même et de le distraire par autre chose; quand il devient un peu plus grand, on lui dit : non, cela te ferait mal; cela ne se peut pas, je ne le veux pas, selon les circonstances; et quand des épreuves constantes lui ont appris qu'il n'est pas en son pouvoir de vous faire changer d'avis, il ne le tente plus. Pourtant il y a des enfans qui veulent avec une très-grande force, et ceux-là demandent encore plus de soins et de persévérance que les autres, parce que des métaux peu flexibles se cassent lorsqu'on essaie de les plier sans ménagemens. Je vais te donner, ma chère et bonne Victorine, quelques exemples des moyens que j'ai employés, et qu'on peut, je crois, toujours employer avec fruit, vis-à-vis des enfans qui ont ce caractère là. Tu pourras changer leur formes, les appliquer à d'autres choses; mais le principe doit toujours être dans toutes les situations le même que celui que je viens de t'indiquer. Je prends pour modèle les premiers faits que ma mémoire me fournit. Comme ma théorie est, dans tous ses points, le résultat de l'expérience, il s'ensuit que presque toutes mes idées reposent sur des actions. Mais une action importante pour le moral d'un enfant, âgé de six mois, d'une ou deux années, devient presqu'une niaiserie quand on veut l'écrire; c'est pourquoi je ne te citerai que celles qui me paraissent utiles pour te faire bien comprendre ce que je pense et ce que je veux dire.

Tous les petits enfans veulent prendre la chandelle avec leurs mains, et les miens firent comme tous les autres. Julie, qui était docile, comprit très-vite que cela faisait mal, et perdit facilement l'envie d'y toucher; mais lorsqu'elle eut dix mois, et qu'elle commença à aller seule dans la chambre le long des meubles, c'était le commencement de l'hiver, puisqu'elle est née dans le mois de décembre, j'eus peur du feu, et je voulus la garantir des accidens auxquels expose souvent la négligence des bonnes. Une personne de ma connaissance avait eu un enfant brûlé tout vif par la faute de la sienne, et de l'habitude qu'elle lui avait laissé contracter de jouer avec le feu. La connaissance de cet événement m'avait effrayée, et c'est ce qui m'engagea à mettre ma fille sur ses gardes. Je pensais, et l'expérience a justifié ma manière de voir, que le meilleur moyen de garantir les enfans des dangers qu'ils peuvent courir par leur faute, c'est de les leur faire apprécier. Je pris ma résolution, car il m'était pénible de lui faire un peu de mal. Lorsque je fus bien déterminée, je choisis le moment où elle était devant la cheminée à s'amuser, et très-attentive à voir pétiller la braise et flamber le bois, pour lui défendre de s'approcher, en lui disant, de la manière convenable à son âge, qu'elle pourrait tomber et se brûler beaucoup. Cela lui paraissait si joli, qu'un petit moment après elle y revint. Alors je la grondai très-fort; et l'approchant vivement, en la tenant bien, tout près du feu, sa petite main contre un tison, je lui fis comprendre ce que c'était que la brûlure. Elle en eut une très-grande frayeur ; elle se rejeta en arrière avec de grands cris, et se cacha la tête dans mon sein pour ne plus voir ce feu, qui lui semblait si beau avant de l'avoir regardé de près. Cette chère enfant fit, pour la première fois, une expérience dont elle était bien loin de pouvoir se rendre compte, mais qui se renouvelle souvent pendant le cours de la vie. Les choses qui brillent, qui plaisent, qui amusent, qui, quelquefois nous entraînent et nous séduisent, sont rarement bonnes, et presque toujours dangereuses. Je ne fis point alors cette réflexion philosophique, car je n'étais occupée que de ma fille et de l'effet de ma leçon : il fut tel que je l'avais désiré. Elle conçut une si grande peur du feu, que, dès qu'elle voyait quelqu'un debout devant la cheminée, elle voulait les faire ôter, et qu'elle me tirait moi-même par mon jupon quand il m'arrivait de m'y tenir. Lorsqu'elle voulait s'amuser à voir la flamme, ce qui lui plaisait encore beaucoup, elle se mettait derrière le chambranle de la cheminée, et avançait seulement sa petite tête pour regarder dedans.

Dioclès, étant né dans le mois de juin, commença à marcher au printemps, et je n'eus pas besoin de chercher alors à le garantir du feu ; mais, dans l'hiver, lorsqu'il était encore tout petit, j'avais eu bien de la peine à lui ôter l'envie de prendre la chandelle. J'avais eu beau faire avec lui tout ce que j'avais fait avec sa sœur, je n'étais point parvenue à le persuader. Dès qu'il se voyait à portée, il alongeait sa petite main pour l'attraper ; et, comme il pouvait résulter de là quelqu'accident, je me déterminai à lui faire juger par lui-même deux choses : la première, que cela brûlait, et la seconde, que j'avais plus de raison que lui. Je pris une lumière, et je fis bien tout ce qu'il fallait faire pour qu'il pût comprendre qu'on se faisait mal en y touchant. Je le lui défendis bien positivement, et de la même manière que j'avais accoutumé de lui refuser les choses qu'il voulait avoir dans d'autres circonstances; ensuite, laissant la chandelle à sa portée, je tournai la tête, et eus l'air de ne point le regarder. Mon petit entêté ne manqua pas, comme je le prévoyais bien, d'y porter tout de suite les doigts. Il les retira, comme tu penses, très-promptement, ferma sa main qu'il serra contre lui, en faisant un gros soupir, et ne dit rien : comme je m'attendais à l'entendre pleurer, je crus qu'il ne s'était point fait de mal. Le lendemain matin je vis à l'index de la main gauche, avec laquelle il avait touché la chandelle, une *cloche* qui tenait tout le bout de son doigt. Et il n'avait pas jeté un seul cri ! J'eus alors une preuve matérielle très-forte de ce que je savais déjà : c'est que les enfans jugent beaucoup plus tôt et beaucoup mieux qu'on ne croit tout ce qui a rapport à eux, et tout ce qu'ils peuvent sentir.

Le même Dioclès dînait, comme tu sais, avec nous, étant encore fort jeune. Quand il se présentait quelque chose dont je ne voulais point qu'il mangeât, je lui disais : Mon ami, cela ne vaut rien pour les enfans; et cela te ferait mal, ou bien il n'y a que les papas et les mamans qui peuvent manger de cela ; et, quelque forte que fût son envie, quand j'avais commencé à le refuser, je ne la satisfaisais jamais. Comme sa petite gourmandise s'était quelquefois assez vivement prononcée, je résolus de lui donner une leçon dans le genre de celle de la chandelle, qui pût lui prouver que j'avais de bonnes raisons pour ne pas consentir à lui accorder ce qu'il désirait. Un jour, je pris de la moutarde, ce qui ne m'était pas ordinaire, et je la vantais beaucoup en la mangeant avec ma viande. Le petit ne manqua pas d'être excité par mes louanges, et me pria de lui en donner. Cela est très-bon pour les mamans, mon ami ; mais cela ne vaut rien pour les enfans : si, malgré mon observation, tu en veux, je t'en donnerai, parce que cela ne peut pas te faire beaucoup de mal. Pourtant je dois te prévenir que tu la trouveras très-mauvaise. Son désir, comme je m'y attendais bien, l'emporta sur mes raisons. Je lui en mis sur son assiette, et tout de suite, avec l'empressement qui naît d'un vif désir, il la porta à sa bouche sans pain et sans viande. Tu peux juger de la grimace qu'il fit ; il se crut pour le moins empoisonné. Je lui fis rincer la bouche, et puis je lui dis froidement : Mon ami, je t'avais prévenu que cela n'était pas bon pour les enfans ; si tu t'en étais rapporté à ce que je t'ai dit, tu n'aurais pas eu de mauvais goût dans la bouche, et on ne se serait pas moqué de toi. Tu te souviens peut-être qu'il était très-susceptible sous ce rapport ; et comme sa grimace avait beaucoup fait rire, il était doublement fâché. Je n'ai pas eu besoin d'une autre leçon, et tu as pu te convaincre par toi-même, en le voyant dîner chez toi, combien la conviction qu'il avait sur ce point était grande, puisqu'il n'aurait jamais rien pris de ce qu'on lui donnait à table sans que je lui eusse dit qu'il pouvait le manger. J'ai été obligée de donner à mon fils beaucoup de leçons de ce genre, parce que son caractère peu docile et sa grande sensibilité auraient rendu tous les autres moyens fort dangereux. Ceux-ci avaient, comme tu vois, le double but de lui prouver, d'une part, que je lui disais vrai en l'assurant que les choses ne valaient rien, ou qu'elles lui feraient mal; et de l'autre, que c'était son intérêt, et non pas le mien qui me guidait dans les défenses que je lui faisais. Les actions, les choses que les enfans peuvent voir ou sentir, tout ce qui peut être rendu expérimental, si je puis m'exprimer ainsi, fait ordinairement sur leur esprit beaucoup plus d'impression que les discours. Il est très-difficile de mettre les raisonnemens à leur portée. S'ils sont longs, si les idées sont expliquées en détail, leur attention se fatigue, ils s'ennuient, et ne vous écoutent pas. Si les idées sont serrées et concises, ils ne les comprennent pas, parce qu'elles sont au-dessus des forces de leur intelligence. J'ai toujours trouvé que la meilleure forme à prendre pour leur faire des raisonnemens était celle du dialogue. Ils sont naturellement grands questionneurs. En répondant à leur demande, on les interroge, et on donne plus facilement de cette manière que de toute autre, à l'espèce de conversation que l'on fait avec eux, la tournure nécessaire au but qu'on se propose;

mais de quelque façon qu'on leur parle, il faut éviter avec soin l'apprêt, l'emphase, et tout ce qui sent le sermon, parce qu'on ne peut espérer de faire impression sur leur esprit, qu'en leur faisant sentir ou trouver eux-mêmes ce que l'on veut leur dire. La raison ne peut avoir d'empire sur leur petite volonté, qu'autant qu'elle paraît dans leur intérêt, et il est indispensable, pour cela, qu'elle soit assez à leur portée pour qu'ils puissent la comprendre. Pourtant, quand la première éducation est bonne, quand l'enfant est assuré que vous ne le trompez jamais, que son bonheur est réellement l'objet de vos soins et de vos désirs, il vous croit sur parole, c'est-à-dire, sans vous comprendre. C'est un des points les plus importans de l'éducation que celui-là, et il ne faut rien négliger pour l'obtenir, parce qu'il y a une foule de choses que vous ne pouvez pas expliquer aux enfans, une foule de circonstances où vous ne pouvez pas leur rendre raison de votre conduite, et dans lesquelles ils doivent obéir. Les enfans sont naturellement portés à avoir la confiance que l'on désire leur inspirer, parce qu'on croit facilement les personnes que l'on aime ; mais si ces personnes les trompent, ils ne peuvent plus les croire : la prudence naturelle peut même les porter à s'en méfier, et la méfiance finit toujours par altérer l'affection. Je suis très-persuadée et parfaitement sûre que le plus mauvais moyen que l'on puisse prendre avec les enfans, c'est de chercher à les tromper. On s'imagine pouvoir le faire aisément, et c'est une grande erreur : rien n'est plus difficile. Ils sont tous très-bons et très-fins observateurs : c'est la première faculté qu'ils exercent, c'est la première faculté qu'ils possèdent ; et elle n'est jamais si active que dans l'enfance. Lorsque les autres se développent, celle-là diminue, et souvent même s'efface entièrement avec l'âge. L'observation est l'instinct de l'enfance ; elle est commune à tous les individus : les résultats qu'elle procure sont relatifs à la dose d'intelligence que possède l'enfant, et sa finesse, comme toutes les autres dispositions de l'esprit, est nécessairement très-variable; mais relativement à l'adulte, l'enfant est toujours plus finement et plus habituellement observateur. Ses premières remarques portent nécessairement sur ce qui l'entoure : son père, sa mère, sa bonne, les habitués de la maison, sont les premières personnes qui provoquent ses examens, et celles qui excitent continuellement la faculté la plus active de son esprit. Ses observations vous suivent partout, dans la plus grande intimité, dans les plus petits détails, et vous mettent dans l'impossibilité d'échapper à la contradiction avec vous-même, soit en parole, soit en action, si vous n'avez pas pour principe constant de leur dire toujours la vérité. Ce principe là est un de ceux desquels il ne faut jamais t'écarter avec ta fille, ma chère Victorine; il faut, dans toutes les circonstances possibles, lui dire la vérité, ou ne lui rien dire. Je reviendrai plus tard sur la possibilité que je crois qui existe de satisfaire la curiosité des enfans dans toutes les questions qu'ils font, sans leur mentir et sans leur dire ce qu'ils doivent ignorer. Je ne considère maintenant la question que sous le rapport de la confiance ; confiance qu'il faut nécessairement posséder pour pouvoir les influencer et les conduire où l'on veut, et que l'on n'obtiendra jamais en les trompant. Si l'enfant s'aperçoit une seule fois que vous lui avez menti, il ne vous croira plus ; tous vos discours seront superflus, et sans influence sur son esprit. Ils auront perdu toutes leurs forces persuasives ; car tous les charmes de l'éloquence la plus entraînante ne feront jamais sur les enfans, ni sur les esprits simples, autant d'effet que le sentiment de la confiance ou l'accent de la vérité. Je t'ai dit tout à l'heure que les discours faisaient en général peu d'impression sur l'esprit des enfans ; pourtant ils agissent beaucoup plus sur certains d'entre eux que sur d'autres : cela dépend du caractère et de la tournure que doit avoir l'esprit. Avec ma fille aînée, je n'ai presque jamais employé que ce moyen : du moins les autres m'ont été inutiles de fort bonne heure. Ainsi, par exemple, pour ce qui regarde le manger, naturellement très-sobre et peu portée à la gourmandise, l'expérience de la moutarde ni rien de semblable ne m'a été utile. Lorsque j'ai été obligée de lui refuser quelque chose dont elle avait envie, quelques raisonnemens à sa portée lui ont fait comprendre mes motifs, et ensuite il m'a suffi de lui dire : Cela te ferait mal, pour qu'elle ne désire plus d'en avoir. Lorsque l'intelligence des enfans provoque cette manière, ou seulement la permet, il est très-bon d'en faire usage : cela leur donne de la facilité pour exprimer leurs idées, et l'habitude de s'en rendre compte ; cela les apprend aussi à réfléchir sur leurs actions, et je crois que, sans entrer ici dans une explication métaphysique sur la réflexion qu'on peut, avec différens philosophes, considérer sous beaucoup de rapports et expliquer de plusieurs manières ; je crois, dis-je, que, falculté, disposition, habitude de l'esprit, ou quoi que ce soit qu'on appelle la réflexion, il est très-important de tâcher d'accoutumer les enfans à en avoir ; car, à combien de sottises ne s'expose-t-on pas dans la vie quand on s'habitue à agir sans réflexion !

Les raisonnemens que je faisais à ma fille avaient toujours pour but de lui faire comprendre que les motifs qui m'empêchaient de condescendre à ses désirs n'avaient que sa santé et son bien-être pour objet, et que l'arbitraire n'entrait pour rien dans ma conduite ; mais les actions prouvent cela beaucoup mieux que les discours, qui, comme je te l'ai déjà dit, sont quelquefois trop difficiles à mettre à leur portée, et qui n'auraient aucune influence, s'ils n'étaient soutenus et expliqués par des faits. Ainsi, par exemple, un soir après souper, ma fille me demanda des fruits qu'elle aimait beaucoup. Je les lui refusai, en lui disant : Cela te ferait mal à présent. Ah, maman ! c'est si bon ! comment cela peut-il faire mal ? me répliqua la petite en soupirant. Que répondre à une pareille exclamation ? pouvais-je lui faire un raisonnement sur la qualité des alimens et les phénomènes gastriques assez clair pour lui faire comprendre comment des substances, bonnes en elles-mêmes, mais de nature à ne pouvoir pas se combiner, ou à développer dans leur combinaison des gaz, des acides ou des élémens contraires, nuiraient à la digestion, empêcheraient le chyle d'avoir les qualités nécessaires, et troubleraient toute l'économie de la nutrition. Si je m'étais avisée d'entrer dans de pareils détails, quand bien même j'aurais eu assez de science pour le faire facilement, et assez de finesse et de présence d'esprit pour pouvoir trouver sur-le-champ le moyen de dépouiller mon explication de tout appareil scientifique, je n'aurais pas réussi pour cela à me faire comprendre; car il est presque sûr que son petit esprit, préoccupé par l'objet de sa convoitise, n'aurait pu mettre aucune attention à m'écouter. Aussi je ne l'aissayai pas. Je me contentai de lui dire : Ma fille, cela te ferait mal, parce que tu as mangé il n'y a pas long-temps du lait, que ce lait, mêlé avec ces fruits dans ton estomac, ferait un mauvais mélange qui te donnerait la colique. Tu ne comprends pas qu'une chose bonne puisse faire mal, parce que tu es trop petite pour savoir ce qui se passe dans ton estomac lorsque tu as mangé. Mais moi, je le sais, et c'est pour cela que je te refuse. Demain, que le lait que tu as pris sera digéré, si tu désires encore de ces fruits, je t'en donnerai pour ton déjeûner, et alors il ne te feront pas de mal. La seule partie de mon discours qui lui fit impression, fut la perspective du déjeûner du lendemain. Comme elle savait que mes promesses étaient infaillibles, que jamais je ne lui en avais faites en vain, toutes celles que je lui faisais lui inspiraient une grande confiance: aussi elle se résigna de bonne grâce à attendre, et ne me sut aucun mauvais gré de mon refus. Cette confiance qu'elle avait en mes promesses était assurément bien méritée, car jamais, même dans les moindres bagatelles, je n'ai voulu, avec mes enfans, manquer à ma parole. Je n'ai jamais voulu, non plus, abuser de leur crédulité, et je n'ai jamais souffert que les autres le fissent, quand il m'a été possible de l'empêcher. J'ai toujours répondu juste à toutes leurs questions; je leur ai toujours dit le vrai, ou je ne leur ai rien dit. Cela n'est point aussi difficile que tu pourrais te l'imaginer, ma chère amie, parce que, si les enfans sont naturellement curieux et importuns, on n'est point forcé de les satisfaire, ni contraint avec eux aux formes que la politesse impose avec les grandes personnes qui ont ce caractère. Rien n'empêche une mère de répondre à son enfant, lorsque sa curiosité le porte à faire des questions indiscrètes. Je ne veux pas te le dire, ou bien tu es encore trop petit pour savoir cela. Ou encore, je t'expliquerai cela dans un autre moment; toutes choses qui ne compromettent ni les connaissances de l'enfant, ni la bonne foi de la mère. Et ensuite, si l'explication peut se donner sans inconvénient pour lui, il ne faut pas négliger de le faire sur-le-champ, et de la manière la plus propre à le contenter, parce que ce sont les questions que font les enfans qui donnent la facilité de leur donner des leçons, d'autant plus profitables, qu'elles ne sont que des complaisances de la part de la personne qu'ils interrogent, et qu'ils apprennent et retiennent bien plus facilement ce qu'on ne les engage ni à apprendre ni à retenir. Je te conseille donc très-positivement, ma chère Victorine, de donner à ta fille, lorsqu'elle sera en âge de te questionner, toutes les explications qui, comme je viens de le dire, n'ont point d'inconvénient; et encore, si, parmi celles qui en ont, tu pouvais craindre ou concevoir seulement la possibilité qu'elle pût trouver toute seule ou apprendre à la dérobée ce qu'elle aurait envie de savoir, garde-toi bien de le lui taire, parce qu'en le lui apprenant toi-même, tu aurais toujours la facilité de présenter la chose sous le point de vue le moins défavorable, et un moyen de plus d'augmenter sa confiance et de diriger son moral. Sûre de trouver près de toi toutes les explications qu'elle désirera, elle n'aura aucun besoin de dissimuler ses pensées, ni aucune envie de prendre des moyens détournés pour satisfaire sa curiosité.

Les vieilles personnes, ou ceux que j'appelerai volontiers les routiniers de l'éducation, ont l'habitude de faire mystère de tout aux enfans. Aussi il résulte de là les plus graves inconvéniens : leur curiosité, excitée sans cesse et satisfaite sur rien, dissimule, observe en secret, et va bien plus loin qu'elle n'aurait été si on leur eût appris simplement et naturellement seulement la moitié de ce qu'ils désiraient savoir. Tu sens bien, ma chère amie, que, sous ce rapport comme sous beaucoup d'autres, il m'est impossible de te dire tout ce qu'il est possible de faire. Je ne saurais entrer dans tous les détails, ni prévoir toutes les circonstances que la curiosité des enfans peut faire naître. Mais je pose en principe, et tu peux m'en croire, que, s'il y a des inconvéniens à leur tout expliquer, il y en a de bien plus grands à tout leur taire, et qu'il vaut infiniment mieux leur faire connaître des choses, même dangereuses, que de les leur laisser deviner ou trouver tout seul; que l'esprit des personnes qui les dirige doit travailler, non pas à les empêcher de chercher ce qu'ils veulent savoir, mais à trouver le moyen de le leur apprendre avec le moins d'inconvénient possible. Lorsqu'ils n'ont pas eu assez d'empire ou assez de prévoyance pour empêcher la curiosité de naître, il faut qu'ils sachent réparer le mal qu'elle pourrait causer en se chargeant de la satisfaire.

Il y a plusieurs questions sur lesquelles il est convenu généralement qu'on doit mentir aux enfans ; et, en vertu de cette convention, on leur fait les comptes les plus absurdes. Une de ces fameuses questions est celle : Comment viennent les enfans ? Alors on ne manque pas de répondre qu'ils se trouvent sous les choux, ou d'autres belles choses semblables, qui font souvent rire sous cape les petits malins qui ont fait la demande. J.-J. Rousseau cite à ce sujet les paroles d'une dame à son fils, comme un modèle à suivre. Mais cette réponse ne me paraît bonne que dans la circonstance particulière où se trouvait le petit garçon, autrement elle aurait, je crois, beaucoup d'inconvéniens. Elle ferait travailler l'imagination de certains enfans d'une manière désagréable ; elle occuperait leur esprit d'une chose qu'il faut toujours leur faire paraître trop sale pour mériter leur attention ; enfin, au lieu de satisfaire la curiosité du plus grand nombre d'entre eux, elle pourrait les exciter à des recherches dont les suites ne sauraient être que fort dangereuses. Je ne sais pas si tu as présent ce passage de l'Emile : dans tous les cas, je vais te le rapporter ici pour que tu comprennes mieux ma critique. Un petit garçon demande : Maman, comment viennent les enfans ? Et la mère répond sans hésiter : Mon fils, les femmes les pissent avec de grandes douleurs qui leur coûtent quelquefois la vie. Comme l'explique Jean-Jacques, la réponse est très-bonne ; elle est, si je puis m'exprimer ainsi, en situation, et doit nécessairement produire un bon effet, parce qu'il en est des idées comme des actions ; c'est l'à-propos qui souvent en fait tout le mérite. Une chose toute simple, un mot fort ordinaire, deviennent quelquefois sublimes par la circonstance qui les a fait naître. La réponse qui nous occupe est bonne ; mais, selon ma manière de voir, elle n'est absolument bonne que pour l'enfant à qui on l'adresse. Le petit venait de rendre, par les urines, une pierre qui lui avait déchiré l'intérieur de l'urètre, et l'avait fait beaucoup souffrir. Cette pierre, qui sortait d'un endroit où elle n'avait pas été mise, dont le passage avait causé un déchirement très-douloureux, lui donnait une idée fort juste d'un accouchement; l'analogie était assez claire pour satisfaire sa curiosité, et la douleur assez récente pour l'empêcher de songer à autre chose qu'à elle. Mais, pour un enfant qui n'aurait éprouvé rien de semblable, cette réponse aurait, je t'assure, de graves inconvéniens, surtout pour une petite fille qui, sachant bien que cela doit lui arriver un jour, s'inquiète, assez naturellement, de savoir comment la chose est possible. D'ailleurs il faut, pour beaucoup de motifs, éviter avec soin que les organes des fonctions les plus sales auxquelles les hommes sont contraints puissent être considérés par les enfans sous d'autres rapports que ceux qui éloignent et repoussent. Tout ce qu'on doit leur dire au sujet de la décence qu'il faut leur inspirer, doit toujours se baser sur la propreté; c'est-à-dire, qu'aucune idée étrangère aux besoins journaliers auxquels ils sont assujétis ne doit être réveillée dans leur esprit. La pudeur d'un enfant ne doit être que la crainte d'inspirer du dégoût : quand ce sentiment acquiert son caractère distinctif, l'enfant a cessé de l'être.

C'est surtout chez les jeunes filles que cette remarque est facile à faire. Lorsqu'elles commencent à rougir, il n'est plus nécessaire de leur recommander d'être décentes. On dit que l'innocence ne rougit jamais, cela est vrai tant qu'elle n'a rien à craindre : mais lorsque la chaleur du printemps vient ranimer la terre, elle fermente, et tout se colore à sa surface. De même au printemps de la vie, quand le feu des passions commence à s'allumer, quand le cœur éprouve des besoins nouveaux, quand une chaleur inconnue fermente dans le sang, agite l'esprit et trouble le calme de l'imagination, une jeune fille éprouve de la crainte, elle s'inquiète, elle s'émeut, et son émotion l'a fait rougir. C'est cette aimable honte, si naïve et si douce, qu'on a nommée pudeur. La pudeur est la plus séduisante des grâces;

elle est le fard de la beauté, le charme de l'amour, la compagne assidue de la vertu, et doit, à toutes les époques de la vie, servir de guide à notre sexe.

La pudeur est aux femmes ce que le courage est aux hommes, le type distinctif de leur caractère particulier; elle doit être la base et la règle de toutes leurs actions. Un homme sans courage doit renoncer à dominer, et une femme sans pudeur à se faire aimer. Un des soins les plus importans de l'éducation des filles est nécessairement de faire croître cette fleur délicate; mais sa culture doit être dirigée de manière à empêcher qu'elle ne pousse trop vite, autrement elle se fanerait avant d'éclore; ou, semblable à ces plantes que l'art fait naître hors de leur saison, et sans la chaleur du soleil, elle n'aurait ni parfum ni couleur. Il faut, pour réussir sous ce rapport comme sous tous les autres, savoir profiter des sages dispositions de la nature. Ce n'est pas sans intention, sans doute, que cette mère prévoyante a su faire trouver à la même source le désir et le dégoût, le plaisir et la douleur. En faisant, comme elle, précéder et compenser les uns par les autres, on donnera une direction bonne et favorable à ses principes. Il me semble d'autant plus naturel de faire reposer la pudeur des enfans sur la seule nécessité de cacher le lieu destiné à des évacuations dégoûtantes, que je ne crois pas que, dans aucun temps, ces actes puissent être tout-à-fait étrangers à ce sentiment. Tu me trouveras peut-être exagérée dans ma délicatesse, chère amie, mais je ne saurais penser autrement; et comme il est impossible qu'on ne mette pas toujours un peu du sien dans les jugemens que l'on porte sur les autres, je n'ai jamais pu m'empêcher de prendre une mauvaise idée de la modestie d'une femme qui satisfaisait aux nécessités journalières devant des témoins sans éprouver aucune espèce de honte, parce que les choses, réunies par le physique, ne peuvent jamais être entièrement séparées par le moral. Les hommes n'ont point la sorte de pudeur que j'ai décrite, et il n'est point nécessaire qu'ils l'aient, parce qu'elle n'est produite que par une espèce de crainte qui ne s'allie pas avec le caractère qui leur convient : aussi les voit-on se mettre à leur aise devant tout le monde, et dans des lieux publics, sans que personne soit choqué d'autre chose que de la mauvaise odeur ; mais si une femme en faisait autant, elle révolterait et scandaliserait tout le monde. Au reste, ceci n'est qu'une opinion qui tient à ma manière de sentir, et tu en penseras ce que tu voudras. Mais de quelque façon que tu envisages cette idée par rapport aux femmes, ils est de la dernière importance de l'inspirer aux enfans, parce que, très-naturelle et bonne dans toutes les acceptions possibles, elle a le fort grand avantage de permettre, sans aucun mystère, toutes les précautions qu'on croit utile de prendre pour éloigner les pensées ou les actions dangereuses. Ce n'est donc pas l'idée du pissement qui m'a empêché de trouver convenable la réponse approuvée par Rousseau, mais, au contraire, parce qu'elle donnait à cette action une couleur toute différente de celle qu'on doit lui trouver ; qu'elle montrait la vérité beaucoup trop nue, et pouvait conduire les enfans à des recherches directes, très-dangereuses pour les suites physiques et morales qu'elles peuvent avoir : et c'est par tous ces motifs que je me déterminai à être beaucoup moins laconique dans celle que je fis à ma fille, lorsqu'elle m'interrogea sur ce sujet. Elle avait alors près de quatre ans. Ce fut le commencement de ma grossesse de son frère qui excita sa curiosité, et la fit penser à la manière dont viennent les enfans, parce qu'elle entendit nécessairement beaucoup discourir sur ce sujet. On racontait des histoires de grossesse et d'enfantement, on parlait de ma santé, on me demandait de combien j'étais enceinte, quand j'accoucherais, enfin toutes les questions que l'on fait dans ce cas là; et comme elle ne me quittait jamais, il m'aurait été bien impossible d'empêcher sa curiosité d'être excitée, ni de lui cacher la vérité, si je l'avais voulu. Un jour elle me dit : Maman, ma bonne me disait hier que j'aurais bientôt un petit frère; je lui ai demandé comment il viendrait, elle m'a répondu que tu l'irais chercher sous les feuilles de chou du jardin : cela est-il vrai? Non, ma fille : c'est un conte comme on en fait quelquefois aux petits enfans qui sont trop curieux, ou trop importuns; les enfans ne viennent pas sous les choux...Oh! je me doutais bien que ce n'était pas vrai, s'écria en m'interrompant la petite friponne, car j'ai été bien souvent avec Timoléon dans les choux, et nous n'y avons jamais vu d'enfant; d'ailleurs depuis que l'on dit que j'aurai un petit frère, ton ventre est bien plus gros. — Ta remarque est fort juste, mon enfant, car, au lieu de pousser sous les choux, il pousse dans mon ventre, et à mesure qu'il grandira, mon ventre grossira. — Mais quand il sera assez gros, comment sortira-t-il? — Ma fille, il sortira par un trou qui se fait au ventre; c'est une opération extrêmmement douloureuse qu'on appele accoucher; quand ce trou ne se fait pas facilement, les douleurs sont quelquefois si fortes, que les mamans en meurent. Alors une certaine crainte se montra sur la figure expressive de ma Julie; puis elle m'embrassa, et me dit d'un petit air rassuré : oh! toi tu n'en mourras pas, puisque tu m'as déjà faite. Sa réflexion m'avait émue, parce que plusieurs choses me donnaient une appréhension secrète pour ce pénible moment. Ma première couche avait été, quoique heureuse, fort longue et fort douloureuse : cela contribuait nécessairement à me faire redouter la seconde. Tu sais, au reste, que ce n'était pas à tort, puisqu'elle fut encore, vu la grosseur de mon fils, beaucoup plus difficile que l'autre. L'émotion intérieure que j'éprouvais me fit rester quelques minutes sans rien dire. La petite, qui était debout devant moi, appuya pendant ce temps ses deux mains sur mon ventre, pencha sa tête sur mon sein, et je vis à sa petite mine sérieuse qu'elle réfléchissait. Après un moment, elle me dit (je m'étais remise de mon émotion, et j'avais attendu en l'observant une question semblable à celle qu'elle m'adressa; si elle ne me l'eût point faite, j'aurais tâché de lui en donner l'idée, parce que je voulais que mon explication fût entière et pût s'accorder avec tout ce qu'elle pourrait voir ou entendre); elle me dit donc : Maman, on sème les choux :

comment peut on semer les enfans dans le ventre? Ma fille, un enfant ne se sème pas; le germe qui doit le produire est dans le ventre, et s'y développe comme le petit poulet dans l'œuf. Tu as vu couver les poules (1), tu sais bien que quand les poulets sont assez grands, ils cassent la coque de l'œuf avec leur petit bec pour pouvoir sortir: eh bien!

---

(1) Nous avions des poules : la première fois qu'elle vit couver, elle me fit plusieurs questions, dont je profitai pour lui donner, selon mon habitude, des explications exactes et détaillées. Je lui avais fait voir dans un œuf cassé le jaune, le blanc et le germe. Je lui avais raconté comment la chaleur du ventre de la poule faisait éclore ce germe, qui se métamorphosait en petit poulet; et je lui avais montré à la coquille la place préparée pour que le petit pût facilement la casser. Je pense, ma chère amie, qu'il faut toujours donner à l'enfant ces petites connaissances préliminaires, avant de répondre à la question dont je te parle; elles me paraissent indispensables, pour que les explications que je crois utile de leur donner, quand leur esprit travaille sur ce sujet, fassent l'effet desiré; et je t'engage à ne pas les négliger, quand tu seras au moment de penser à en faire usage.

les enfans font la même chose quand ils sont assez grand pour téter; ils poussent si fort avec leur tête, que la peau du ventre se déchire pour les laisser sortir. Quand les enfans ne sont pas assez robustes pour faire ce trou eux-mêmes, et sortir tout seuls, ce sont des chirurgiens, qu'on appelle accoucheurs, qui les tirent de force avec des outils de fer que l'on a exprès, ce qui cause encore de bien plus grandes souffrances que quand le ventre s'ouvre naturellement. Les mamans sont malades long-temps après que l'enfant est né, parce qu'il faut que le trou se referme, et puis, comme elles perdent beaucoup de sang pendant tout le temps que la blessure met à se guérir, cela les rend bien faibles, et les oblige à de grandes précautions.

Ces détails, qui allaient au-devant de tout ce qu'elle avait entendu ou pouvait entendre encore, satisfirent pleinement sa curiosité, et me parurent aussi, à moi, remplir toutes les conditions nécessaires au but que je me proposais : savoir, de dire la partie de la vérité qui peut se dire, et de ne pas mentir dans celle qu'il faut taire. En grandissant, ma fille m'a souvent fait des questions relatives à des choses qu'elle avait entendu dire ou raconter, et toujours simplement et naturellement : je les lui ai expliquées de la même manière. Je lui ai toujours fait voir la vérité, mais ornée de quelques draperies légères et transparentes, qui, voilant sa nudité sans changer ses formes naturelles, donnent à l'innocence la liberté de les considérer. Tu sais, ma chère Victorine, que j'ai toujours trouvé l'allégorie ingénieuse, qui fait la Vertu fille de la Vérité, d'une justesse admirable; aussi, par une conséquence toute simple, je suis persuadée encore qu'on ne peut jamais espérer d'obtenir la protection de la fille, si on ne s'est pas, dès long-temps, accoutumé à reconnaître et à respecter la mère. Ce qui m'a surtout prouvé la bonté de mon explication sur la manière dont viennent les enfans, c'est qu'il m'a toujours suffit de développer et d'étendre l'idée que j'avais d'abord donnée à ma fille pour satisfaire à toutes les questions que le développement de son intelligence et sa curiosité l'ont portée à m'adresser. J'ai pu facilement, sans me contredire en rien, lui rendre raison de tout ce que ses lectures ou ses propres observations lui donnaient envie de connaître. Mais, malgré que l'expérience m'ait prouvé la bonté de cette explication, il ne faut pas croire, ma chère amie, que tout le monde en penserait de même : j'ai fait à l'instant l'expérience du contraire. Quinze jours s'étaient à peine écoulés après celui où j'avais eu avec ma Julie la conversation que je viens de te raconter, qu'une dame, qui habitait momentanément dans la maison, la rencontrant dans le jardin où elle se promenait avec sa bonne, s'avisa, après plusieurs choses insignifiantes, de lui demander si elle serait bien aise d'avoir un petit frère ; et de lui dire qu'il en viendrait bientôt un *dans les choux* ; oh ! mon dieu non, il ne viendra pas dans les choux, répondit la petite, car il est dans le ventre de maman : fi ! que c'est laid mademoiselle, de dire des choses comme cela, répliqua cette dame toute scandalisée ; vous êtes venue sous un chou et votre petit frère s'y trouvera aussi,

Oh ! mon Dieu, non, répondit encore l'enfant sans se déconcerter, je suis bien sûre qu'il vient dans le ventre, car maman me l'a dit, et, ce matin, tandis qu'elle me peignait, je l'ai senti remuer ! Comme, après cette assertion, il n'y avait plus moyen de lui parler du *chou*, la dame s'éloigna, mise presque hors d'elle-même, parce qu'elle voulait bien appeler l'effronterie d'un enfant de cet âge. Elle était aussi très-courroucée contre moi : elle me blâma beaucoup de la mauvaise éducation que je lui donnais ; fit ressortir tout le scandale que de pareilles raisons avaient dans la bouche d'un enfant, et je dois te dire que, presque tout le monde fut de son avis. Plusieurs personnes charitables vinrent me rapporter tous ces discours, avec la secrète intention de m'engager à faire quelques réflexions sur ma conduite : pourtant on n'accusait pas mes intentions, mais ma jeunesse, mon inexpérience ; on disait que les très-jeunes femmes ne valaient rien pour élever les enfans, surtout quand elles avaient des idées comme les miennes ; et la preuve que ces idées n'étaient pas bonnes, c'est qu'elles différaient de celles de tout le monde, et cela ne valait rien dans une pension de demoiselles; enfin je ne finirais pas si je voulais te répéter tous les caquets, tous les sarcasmes que la réponse de ma pauvre Julie m'attira, et dont une très-vieille dame en pension dans la maison, et que tu as bien connue, se rendait l'écho et le coryphée. Comme j'avais bien réfléchi avant d'agir, et que j'avais eu souvent sous les yeux de fort mauvais résultats produits par une manière parfaitement opposée à la mienne, et que j'étais tous les jours à portée de faire des observations sur les jeunes personnes qui entraient en pension déjà grandes, tout cela ne me déconcerta ni ne me donna envie de changer de méthode : je me contentai de dire à la dame étrangère qui avait mis toutes ces idées en mouvement, que si elle avait une fille, elle ferait bien de ne pas me la donner à élever; mais que j'étais parfaitement libre de dire à la mienne ce que je voulais : elle fut obligée de convenir que c'était vrai, et de se taire. Tu t'imagines peut-être que cette dame si scrupuleuse, était une femme d'une vertu sévère : eh bien ! point du tout, elle était fort loin, je t'assure, de porter dans ses actions la même susceptibilité qu'elle affectait dans cette occasion ; et son histoire, que je connus plus tard, me donna une preuve bien forte d'une chose qui se voit bien souvent dans le monde, c'est-à-dire, des personnes qui, très-à leur aise dans leur morale particulière, feignent, dans leurs discours et dans leurs principes apparens, une sévérité excessive, et saisissent avec le plus grand empressement toutes les petites cirtonstances qu'elles peuvent découvrir pour montrer cette délicatesse affectée, qui pourtant n'en n'impose qu'aux esprits peu clairvoyans. L'éducation des enfans n'était pas un sujet capable d'intéresser beaucoup cette dame ni de la captiver longtemps : aussi elle ne s'en mêla plus. Quant à la pauvre Mme. D... il me fut bien plus difficile de me débarrasser de ses exhortations ; il m'était fort égal qu'elle me blamât en arrière, ou lorsque j'étais seule avec elle ; mais ce qui me contrariait extrêmement, c'était ce qu'elle me disait devant ma fille :

la politesse, le respect pour son âge me firent prendre patience pendant long-temps, mais comme nous dînions ensemble, et qu'elle se trouvait, comme tu te le rappelles sans doute, placée à côté de moi lorsque ma fille mangea à table, il me devint tout-à-fait impossible de supporter ses remontrances et ses observations, parce que je m'aperçus qu'elles pouvaient influencer Julie.

A chaque instant, et sur tous les sujets, cette pauvre femme se donnait pour modèle; elle ne souffrait jamais cela à ses enfans, elle leur faisait toujours manger de cela, elle exigeait qu'ils fissent ceci; j'avais tort de ne pas m'en rapporter à son expérience, je gâtais la mienne ou j'étais trop sévère. Enfin, une fois que je donnais du poisson à ma fille, en ôtant les arêtes avec soin, et en lui recommandant encore d'y faire attention, elle prit ce temps pour me dire qu'elle s'étranglerait, qu'il ne fallait pas donner de poisson aux enfans, qu'un des siens avait manqué d'en mourir : et là dessus elle commença une histoire fort longue, qui, racontée avec beaucoup de détails, fit impression sur Julie.

De peur de s'étrangler elle laissa son poisson. Les enfans d'une imagination vive se frappent souvent l'esprit pour si peu de chose, qu'on ne saurait prendre trop de précautions pour les garantir des influences qu'ils peuvent recevoir ainsi malgré vous ! Mme. D.... me fit faire cette expérience pour la première fois, à propos des arêtes, et j'eus par la suite beaucoup d'autres occasions de le remarquer. Ma fille, qui jusque là avait mangé du poisson avec plaisir, ne voulut plus en goûter depuis ce moment ; elle fut plusieurs années sans pouvoir en manger d'aucune manière, et son dégoût n'est pas encore entièrement passé. Dès que je me fus aperçu de l'effet qu'elle avait produit, je me déterminai à lui rompre en visière sans ménagement. Je l'avais déjà priée plusieurs fois de me laisser diriger ma fille comme je l'entendais, et de s'épargner la peine de me donner des avis ; mais elle n'en avait tenu compte. Je me réservais pour la première occasion, et lorsqu'elle se présenta, je lui dit : Madame, quand une femme qui a eu onze enfans n'a pas su en élever un seul ;

elle n'a pas le droit de donner des conseils aux mères qui ne lui en demandent pas ; je vous avais déjà priée de m'en dispenser, et je vous répète ma prière, parce que je suis persuadée que votre méthode serait aussi mauvaise pour moi, qu'il paraît qu'elle a été fatale pour vous. Cette sortie un peu vive donna bien l'occasion de médire de mon caractère, mais la força à me laisser tranquille, et c'est tout ce que je désirais. Cette pauvre dame, qui avait des prétentions à l'esprit, et qui voulait encore paraître aimable de sa personne après soixante ans, avait mis ses enfans en nourrice, et les avait tous perdus chez elle les uns après les autres par des accidens, qui prouvaient la plus mauvaise éducation et la plus grande indifférence maternelle. Il me semble que l'isolement et l'abandon où elle se trouvait réduite dans sa vieillesse lui faisait expier les fautes que l'amour des plaisirs frivoles lui avait fait commettre. Mais il est bien certain que c'était beaucoup plus la perte des uns que le souvenir des autres qui lui inspirait des regrets. Elle se dédommagea du silence que je lui avais imposé, en recueillant avec soin tous les petits propos qui sont inséparables d'une grande réunion de femmes; mais je ne m'inquiétais aucunement des discours qui ne pouvaient pas nuire à ma fille; et, comme tu sais que je n'ai jamais été femme sous le rapport du bavardage, je ne me suis jamais non plus laissé émouvoir par leur caquet. Je dois pourtant rendre justice à Mme. D..... elle fit amende honorable, et en vint à trouver que ma méthode d'éducation était bonne. Je crois même qu'elle m'en fit un jour compliment devant toi, à propos de quelques petits services que Julie lui avait rendus. Elle me répéta souvent qu'elle n'aurait jamais cru que j'eusse aussi bien réussi, mais qu'il était impossible de ne pas convenir que ma fille fût un charmant enfant, et qu'elle était persuadée que j'atteindrais parfaitement le but que je m'étais proposé.

Après la question : Comment viennent les enfans? il y en a une autre qui est encore très-embarrassante, c'est celle : Quelle différence y a-t-il entre une petite fille et un petit garçon ? Rousseau dit, dans l'Emile : Si vous ne pouvez pas cacher aux enfans la différence des sexes jusqu'à dix-sept ans, ayez soin qu'ils la connaissent avant dix. Il donnait sûrement à sa pensée une signification beaucoup plus étendue, ou tout-à-fait différente de celle énoncée dans la question que je pose, ou bien il aurait prouvé par elle une grande ignorance de la manière dont l'esprit des enfans procède ; ce qui, au reste, pourrait bien s'adapter à plusieurs parties de son éloquent ouvrage. Il paraît, par une très-grande quantité d'exemples, qu'on n'a pas besoin de connaître exactement le sujet que l'on traite pour pouvoir faire une théorie bonne et brillante ; mais je suis parfaitement sûre qu'il n'en est pas de même dans l'exercice. Quelle que soit la chose qu'on entreprenne, il faut la connaître pour la bien exécuter ; mais ce n'est nulle part d'une importance aussi grande que dans l'éducation des enfans. C'est d'après cette conviction, ma chère Victorine, que je fais tout mon possible pour te faire partager les connaissances que j'ai acquises par l'expérience, et que je te décris des faits bien peu importans par eux-mêmes, mais que je crois très-própres à t'instruire, parce qu'ils sont vrais, pour le fond et pour la forme, et que je ne mets nulle part mon imagination à la place de la vérité. Tu peux être sûre, lorsque je pose une règle, ou que je te donne un conseil, que j'en ai fait souvent l'application avec succès, et que j'en connais parfaitement les effets. C'est donc d'après la connaissance que j'ai acquise de l'esprit observateur des enfans, d'après toutes les observations que j'ai été à même de faire, que je puis t'assurer avec certitude qu'il est parfaitement impossible de cacher à celui qui n'est pas un idiot, ou qui ne vit pas exactement seul avec des grandes personnes, dans un endroit solitaire, qu'il existe une différence de forme entre les deux sexes, et ce sera bien plus impossible encore s'il habite la maison paternelle, et s'il a des frères ou des sœurs. Julie le découvrit, par hasard, bien avant la naissance de Dioclès, et il y a déjà long-temps que Théonice l'a remarqué. Julie est restée seule plus de quatre ans ; elle était venue au monde dans une pension de demoiselles, où rien de masculin ne pouvait frapper ses regards ; elle était donc dans la situation la plus favorable pour ignorer que les petits garçons n'étaient pas faits comme elle, et pourtant elle s'en aperçut. Comment aurais-je pu empêcher Dioclès de le remarquer pour sa petite sœur, tandis que je la nourrissais, et elle-même maintenant, qui peut, dans mille petites circonstances que je ne saurais prévoir, observer son frère, qui se lève, se couche, s'habille sans de grandes précautions, et n'attache encore fort heureusement aucune importance à cette différence. Il est parfaitement démontré pour moi qu'on ne pourrait le leur cacher qu'avec des précautions qu'il est impossible de prendre, lorsque l'on n'est ni prince ni grand seigneur. Comme tu n'es pas une princesse, ma chère amie, que tu n'auras pas une maison montée pour chacun de tes enfans, qu'ils habiteront le même appartement, qu'ils se promèneront dans des lieux publics, tu ne pourras pas les empêcher de la connaître ; et alors que faut-il faire ? Faut-il la leur apprendre, ou la leur laisser trouver ? c'est là toute la difficulté. Ne pas le leur dire, et ne pas leur en faire mystère dès qu'ils l'ont remarquée, ou que leur curiosité, excitée par quelques circonstances imprévues, les porte à interroger sur ce sujet, me paraît le plus prudent et le plus naturel. C'est ce que j'ai fait avec les deux derniers, instruite par l'expérience que m'avait donnée l'aînée, que c'était le meilleur parti. Voici comment Julie découvrit que les petits garçons différaient des petites filles, autrement que par les habits. J'étais à me promener aux Tuileries : la bonne marchait devant avec Julie, qui s'occupait beaucoup d'un enfant, à peu près de son âge, qui courait tout près d'elle. Nous étions dans l'allée des Orangers. Tout à coup ce petit appelle sa bonne, lui demande quelque chose : la bonne le trousse au plus vite, et le met contre une caisse qui se trouve derrière elle. Julie, que le hasard avait placée au point nécessaire pour la perspective, l'examine, fait une exclamation, et vient à moi tout courant en me le montrant du doigt ; mais ensuite, arrêtée par la présence de son père, avec qui elle n'était pas très-familière, elle retint ses paroles, et ne me dit rien. J'avais fort bien vu aussi le petit garçon, et lu dans la pensée de ma fille le sujet de son étonnement ; et comme son air et son geste avaient été très-expressifs, j'étais bien certaine de l'espèce de question qu'elle voulait m'adresser ; mais le lieu ni la circonstance n'étant point convenables pour une explication, je ne lui dis rien pour l'engager à parler. Je pensais en moi-même tout le temps de la promenade ce qui serait le meilleur à faire et à dire dans cette conjoncture. Je pris mon parti, me réservant, malgré cela, d'attendre qu'une circonstance à peu près semblable me donnât l'occasion de revenir sur ce sujet, ou qu'elle m'interrogeât elle-même. Cela ne fut pas long : dès que nous nous trouvâmes seules, elle n'eut rien de plus pressé que de me raconter dans son langage enfantin, et avec des expressions d'une naïveté tout-à-fait piquante, ce qu'elle avait vu d'extraordinaire ; je lui répondis très-froidement et très-simplement : Ma fille, c'est que c'était un petit garçon, ils sont tous faits la même chose. — Et pourquoi donc, maman, que les petits garçons ne sont pas faits comme moi ? — Et dis-moi, ma fille, pourquoi les hommes ont-ils de la barbe, et que les femmes n'en ont pas ? — Papa, il a de la barbe, c'est pour que cela pique..... Son père avait, une fois ou deux, pour la punir de ce qu'elle faisait des façons pour l'embrasser, frotté un peu fort son menton sur sa petite joue, et elle avait conçu une très-grande répugnance pour les barbes. Non, ma fille, la barbe est un signe qui caractérise la force des hommes. Tu sais bien que les hommes exécutent des choses que les femmes ne pourraient pas faire : ils vont à la guerre, et font toutes sortes de travaux bien difficiles. Ces travaux exigent qu'ils aient des habits d'une forme différente des nôtres, qui soient moins embarrassans, moins sujets à se déchirer, et qui leur laissent les membres libres. C'est pour cela que les petits garçons, qui doivent devenir des hommes, portent des culottes. Et vois-tu, avec des culottes, s'ils étaient faits comme toi, ils ne pourraient pas satifaire leur besoin sans se mouiller et sans se salir. Cette raison la frappa, d'autant plus qu'il y avait très-peu de temps que, pour m'amuser un jour de carnaval, je l'avais habillée en petit garçon avec les habits de Timoléon, qui s'était aussi déguisé avec les siens. Ils étaient restés toute la journée dans ce costume, et Julie m'avait dit, toutes les fois qu'il avait été nécessaire de défaire sa culotte : Maman, je ne voudrais pas être un petit garçon, c'est trop difficile..... Pourvu que, dans les explications que l'on donne aux enfans, il y ait un motif plausible qui tombe sous leurs sens, et qu'ils puissent comprendre, ils n'iront jamais au-delà, parce que leur esprit n'est pas assez développé pour embrasser beaucoup d'idées à la fois, ni saisir des rapports compliqués et étendus; presque toujours une application directe est suffisante, quand surtout ils sont assez bien élevés pour s'en rapporter à ce qu'on leur dit, et n'interroger qu'une seule personne sur le même sujet.

J'ai vu des enfans assez malins et assez mal dirigés dans leur éducation morale, pour savoir trouver l'explication de certaine vérité dans les piéges qu'ils tendaient aux individus qui les entouraient. C'est presque toujours là un des moyens qu'emploient ceux à qui on a l'habitude de mentir, et qui, par cette raison, contractent de bonne heure celle de la dissimulation et de la ruse. Ils demandent une chose à leur maman, et puis ils s'adressent dans un autre instant à leur père; ensuite ils vont à leur bonne, et souvent même à la cuisine; ils interrogent toujours sur le même sujet jusqu'au moment où leur esprit est satisfait. Cette satisfaction de l'esprit paraît aux enfans, ainsi qu'aux grandes personnes qui en ont un superficiel, la connaissance ou la possession de la vérité; mais, comme le dit cette sentence, que sa fréquente application a rendu commune sans la faire cesser d'être juste : On croit aisément ce qu'on désire; et on peut ajouter, dès que le désir est satisfait : On croit posséder ce qu'on a désiré. Pourtant l'enfant ne réussit pas toujours par ce manége à connaître ce qu'il voulait savoir; mais, comme ordinairement les personnes avec qui les enfans peuvent agir ainsi ne se consultent pas, qu'elles ne prévoient en aucune manière leurs questions, et encore moins leurs intentions, les réponses se trouvent presque toujours contradictoires; et, si celui qui interroge n'a pas découvert ce qu'il voulait apprendre, il a toujours acquis la certitude qu'on le trompe. Puisqu'on le trompe, il est permis de tromper. Cette conséquence est une leçon; et ces leçons là sont toujours mises en pratique avec plus de fruit qu'il ne faudrait.

Le motif que je donnais à Julie pour lui rendre raison de la différence des sexes, aurait été une niaiserie, et lui aurait sûrement paru fort ridicule, si elle eût été en âge de raisonner, car elle se serait aperçue très-vite que les habits étaient faits pour le corps, et non pas le corps pour les habits; mais à trois ans on ne raisonne pas. Pour raisonner, il faut penser, et, à cet âge, on ne peut encore que sentir. Les jeunes enfans sentent très-bien tout ce qui les affecte et les touche directement, tout ce qui est en harmonie avec le développement de leurs facultés ; mais au-delà il n'existe rien pour eux, parce qu'on ne peut sentir et comprendre que ce qu'il est possible d'accorder sur le diapason de l'intelligence, et que ce diapason monte et descend avec la température de la vie. C'était, au reste, pour satisfaire sa curiosité, empêcher son esprit de travailler, et non pour l'éclairer, que je lui donnais ce motif. Bien que j'eusse très-grand soin en même-temps de dire à ma fille qu'il ne fallait jamais parler de ces choses là dans la conversation, parce qu'elles étaient si dégoûtantes qu'elles salissaient les paroles, et que je fisse exactement tout ce qu'il était possible de faire pour éloigner l'idée mystérieuse dont quelques enfans s'occupent de si bonne heure, je ne crois point que la connaissance de la différence des sexes, quant à la forme, puisse la faire naître, ni qu'elle puisse influencer en rien leur imagination. On ne peut voir que les objets qui sont en rapport avec les yeux. Le son n'existe pas pour celui qui n'a jamais rien entendu, et les objets matériels ne peuvent agir sur l'esprit qu'en réveillant des idées auxquelles s'attachent le souvenir de sensations morales ou physiques. S'il existe une attraction secrète, qui pousse l'un vers l'autre les individus de sexe différent, qui peut leur faire deviner ce qu'ils n'ont jamais su, et reconnaître ce qu'ils n'ont jamais vu, c'est qu'un instinct caché, un besoin pressant, excité par le mouvement de la nature à une époque déterminée par elle, les pousse et les éclaire. Mais lorsque la nature est muette, lorsque le besoin n'existe pas encore, lorsque l'imagination est pure, et qu'aucune peinture séduisante ou corruptrice n'est pas venue exciter la curiosité sur des choses inconnues, qui tirent leur plus grand attrait du mystère qui les couvre, et tous leurs charmes des prestiges dont l'esprit et le sentiment les environnent ; quand, dis-je, rien de tout cela n'existe et n'a pu exister, un objet inconnu qui se présente dénué de tout ce qui peut être dans la situation où est l'enfant, utile ou agréable, doit être au moins indifférent; et quand, au lieu d'attrait, une fonction sale et dégoûtante, sur laquelle on doit, comme je te l'ai dit, appeler de très-bonne heure fortement l'attention, repousse et éloigne tout ce qui pourrait émouvoir l'esprit; quand toutes les idées qu'il pourrait réveiller ou faire naître n'ont rien d'agréable, il est impossible qu'il séduise l'imagination. Je sais parfaitement pourtant qu'il y a des enfans chez qui les sens parlent bien avant l'âge où la nature l'a déterminé; mais il ne faut pas se tromper sur ce point, il faut savoir distinguer le fruit d'une nature saine, mais trop hâtive, de celui engendré par la corruption. Les résultats, pour être à peu près les mêmes physiquement, sont d'une influence bien différente sur le moral. S'il arrive qu'un enfant éprouve avant l'âge les désirs qu'une passion inspire, et qu'il trouve moyen de les satisfaire, ceci rentre dans la classe des choses extraordinaires, et doit être considéré sous des rapports différens de toutes les autres. Les phénomènes, en bien comme en mal, sont toujours au-dessus ou au-dessous des règles générales; et, par cette raison, je ne parlerai pas des enfans qui peuvent se trouver de ce nombre. Mais puisque la différence des sexes m'y a conduit, je crois fort utile, ma chère amie, d'appeler ton attention sur une chose à laquelle ton inexpérience t'empêcherait bien certainement de songer : je veux parler de l'habitude pernicieuse que contractent souvent les enfans, qui dégénère quelquefois en vice incorrigible, et que l'on désigne par le nom d'*Onanisme*. Tissot et plusieurs médecins célèbres en ont montré les dangers, et décrit les effets épouvantables avec beaucoup d'éloquence et de vérité : mais, dans tous les vices comme dans toutes les maladies, quand on attend que le mal soit tout-à-fait développé, il devient souvent impossible de le guérir. Cette habitude ou ce vice a plusieurs causes, plusieurs degrés, et s'exerce à plusieurs époques de la vie. Jean-Jacques Rousseau, qui connaissait mieux que personne l'inflence qu'il peut prendre, cherche à en garantir son Emile, et prévoit le danger seulement lorsque son élève a atteint l'âge de dix-sept ans.

Pour moi, que l'expérience des enfans avait instruite, j'ai pensé à en garantir mon fils tandisque je le nourrissais. Il est vrai qu'il faut distinguer, comme je viens de le dire, dans cette espèce de fléau qui me paraît être un des vices qui servent de contre-poids aux bienfaits de la civilisation, plusieurs espèces de causes qui agissent à trois époques bien distinctes. La première de ces causes tient à une organisation particulière qui rend les enfans susceptibles de sensations vives et délicates, et au hasard de quelques circonstances imprévues qui les excitent à les chercher alors qu'ils ne devraient pas encore être en état de les sentir. Ils doivent quelquefois à ce fâcheux hasard le moyen d'user, au détriment de la nature, une sensibilité qu'elle avait destinée à favoriser ses plus belles facultés. C'est dans cette occasion, que j'appellerai le premier degré, un vice très-innocent, et un malheur que la prévoyance peut facilement empêcher ou réparer. Dans le second, c'est la même organisation excitée par des causes physiques ou morales, qui développent avant l'âge des besoins qui ne peuvent se satisfaire qu'au dépend de l'intelligence et de la santé des enfans. Ces causes sont les mauvaises lectures, quelques imprudences des parens, une petite amie ou un camarade déjà corrompu, et tous les effets qui peuvent résulter d'une mauvaise éducation. La curiosité que font naître des défenses ou des questions imprudentes, le mystère dont on enveloppe les choses les plus simples, sont encore des causes qui peuvent contribuer à exciter l'imagination des naturels ardens, et d'une intelligence prématurée, que les mœurs de la civilisation développent quelquefois avant le moment fixé par la nature. Quant au troisième degré, il produit dans ses effets les plus naturels et les moins mauvais le mal que redoute l'instituteur d'Emile, et dont il veut le garantir. C'est alors à l'époque de la puberté que cette habitude se contracte. Je n'entrerai dans aucun détail sur les effets qu'elle produit, lorsqu'elle prend naissance à cet âge, parcequ'elle ne peut se considérer que sous les rapports de son influence sur les mœurs, qu'elle se lie avec le développement des passions les plus ardentes et les plus influentes sur la vie de l'homme, qu'elle demanderait des éclaircissemens et des détails fort longs, et tout-à-fait étrangers à la première éducation ; et ensuite parce que je suis convaincue qu'un enfant qu'on aura su garantir jusque là, dont la première éducation aura été bonne et dirigée d'après les principes que je m'efforce de te développer, ne sera jamais ni maîtrisé ni corrompu par elle. Ce n'est donc que sur les causes qui produisent, et sur les effets qui résultent de cette habitude pernicieuse dans les intervalles que j'appelle les deux premiers degrés, et qui se rapportent aux deux premières époques de l'éducation, que j'ai voulu te rendre attentive, parce qu'ils sont de la plus grande influence sur la vie, la santé et le moral des enfans. J'ai vu un petit garçon de trois ans mourir de cette maladie, et un de cinq hébété pour sa vie par les suites de la même cause. J'ai vu beaucoup de petites filles perdues de la même manière, et certainement ce n'était ni les sens ni l'imagination qui étaient cause de ces désordres ; mais tout simplement l'ignorance ou l'inattention des parens. Quand les enfans ont un certain âge, c'est malheureusement une maladie contagieuse; les colléges et les pensions mal tenus en offrent trop souvent des exemples dangereux. Le libertinage s'empare ensuite d'une habitude qui quelquefois a commencé au sein de la plus grande innocence, et qu'il aurait été facile de corriger, si on l'avait connue assez tôt. Il est bien certain, ma chère amie, qu'un enfant peut quelquefois contracter chez sa nourrice l'habitude d'un vice, qui doit dégrader son être et rendre sa vie aussi malheureuse qu'inutile, comme il y prend souvent aussi le germe de maladies qui empoisonneront toute son existence. Mais ces choses là sont des bagatelles pour beaucoup de gens, et n'existent pas pour ceux qui ne se sont jamais donné la peine d'y penser.

Un petit garçon d'un an ou quinze mois qu'on laisse seul dans son lit crie et s'impatiente; mais, comme ses cris ne font point venir sa nourrice, après s'être fatigué inutilement, il prend le parti de les cesser, et de se distraire comme il peut. Il joue avec son lange, avec ses pieds, avec tout ce qu'il lui est possible de toucher ; ses mains errent à l'aventure : le hasard lui fait rencontrer une partie de son corps plus sensible, plus irritable qu'une autre. Le tâtonnement ou le tiraillement de ses petites mains lui procure un châtouillement qui le distrait et l'étonne ; il y revient : cela l'amuse ; il continue. Toujours même amusement, toujours même sensation ; dès qu'il est seul, dès qu'il s'ennuie, il recommence. Au bout d'un espace de temps plus ou moins long, une irritation locale se manifeste, et cette irritation l'excite à continuer cet amusement, qui devient avec le temps une sorte de besoin pour lui. Si on s'en aperçoit assez vite, ce n'est rien ; mais si le mal prend racine, si quelques années se passent, toute la vie s'en ressent. On atténue bien le mal, on en arrête les excès ; mais le principe reste, et la moindre circonstance le réveille avec des formes différentes et un caractère plus pernicieux. Ne t'imagine pas, ma chère amie, que ce que je viens de dire soit le fruit de mon imagination, ou le résultat d'idées incertaines : ce sont des observations très-sûres et très-exactes, appuyées sur l'expérience des médecins qui se sont occupés particulièrement des enfans, qui reconnaissent fréquemment cette habitude pour cause de maladie, qui m'ont donné cette conviction. Voici un fait dont je suis parfaitement sûre ; il est arrivé à une dame de mes amies, que je connais très-particulièrement, et que je te nommerai, si tu le désires. Ce fait, qui s'est passé presque sous mes yeux, dont j'ai connu exactement tous les détails, est un de ceux qui m'ont le plus frappé, et il peut servir de preuve à ce que je viens de t'exposer.

Cette dame était fort jeune, mariée plus jeune encore, sans aucune connaissance du monde, aussi chaste d'esprit que de corps ; elle avait conservé assez long-temps après son mariage beaucoup d'ignorance sur les choses que les jeunes filles trouvent et comprennent souvent toutes seules. Malgré qu'elle fût éclairée et fort instruite sous beaucoup d'autres rapports, son ignorance, sous celui-là, jointe au peu d'aptitude qu'elle avait pour entendre ces quolibets et ces jeux de mots dont on est souvent si prodigue avec les jeunes femmes, lui donnait quelquefois dans la conversation un air gauche, que certaines personnes, et surtout son mari, prenaient pour un manque d'esprit. L'expérience du monde, et principalement l'habitude de l'observation, ont ouvert les yeux et les oreilles de cette dame, et lui ont appris, non-seulement à vaincre sa timidité, mais encore à comprendre, et même à deviner ce que l'on veut dire et ce qu'on est capable de dire, à peu près sur tous les sujets. Aussi son mari prétend maintenant que tout l'esprit qu'on accorde à sa femme vient de lui et lui appartient, parce qu'il le lui a fait venir, comme l'esprit vient aux filles. Pour moi, qui le connais, et qui l'ai observé presqu'aussi bien que sa femme, je suis parfaitement sûre qu'il ne s'est jamais occupé d'elle avec assez d'assiduité pour qu'elle puisse lui avoir cette obligation. Cette dame donc était fort loin de penser, lorsqu'elle eut un enfant, à la possibilité pour eux d'habitudes et de sensations pareilles à celles dont je t'entretiens. Elle n'en avait elle-même aucune idée exacte : son mari lui en avait bien appris quelque chose ; mais cela ne lui avait été présenté, et elle n'avait pu le juger que sous des rapports tout-à-fait différens de ceux que je viens d'énoncer. Il lui était impossible de soupçonner des enfans de deux, trois, quatre ou cinq ans, d'entraînement des sens ou de libertinage, seules idées que cette habitude pût lui faire naître ; et elle était encore bien plus loin d'en croire sa propre fille susceptible. Cette petite était d'une figure très-intéressante, et annonçait les plus heureuses dispositions. Sa mère, qui l'aimait avec idolâtrie, et qui soignait beaucoup son éducation, ne la quittait jamais, et la petite ne se trouvait bien qu'auprès d'elle. Quand la mère était occupée, ce qui se présentait souvent, cette enfant préférait rester assise sur une petite chaise auprès d'elle, plutôt que d'aller jouer ailleurs. Comme il lui arrivait quelquefois de s'ennuyer lorsque sa mère ne s'occupait pas d'elle, cela lui avait fait contracter l'habitude de se dandiner sur sa chaise, ou plutôt de s'y frotter d'une certaine manière qu'il est impossible de faire bien comprendre en écrivant. La mère n'y prit pas garde d'abord; et ensuite, quand elle s'en aperçut, elle ne vit là qu'un mauvais maintien, et sa petite était si jeune, qu'elle ne crut pas utile de déployer une grande sévérité pour le faire cesser. Cette espèce de frottement irrita l'endroit qui se trouvait pressé sur la chaise, et y détermina une sorte de picotement qui finit par importuner l'enfant; et, comme c'était précisément pendant les longues soirées de l'hiver que cela se passait, la petite, après être couchée, suivant une impulsion tout-à-fait naturelle, porta la main à l'endroit qui la démangeait, et se frotta : ce frottement ne lui faisant aucun mal apparent (au contraire, elle y revint souvent, et cela eut les suites ordinaires à cette habitude), sa santé se dérangea; sa mère, qui était son médecin le plus attentif, s'inquiéta bientôt, et chercha avec soin la cause d'un mal dont les effets lui paraissaient singuliers. Quelques petites circonstances la lui firent promptement soupçonner. Sa fille couchait dans sa chambre et près de son lit. Elle s'aperçut qu'elle ne dormait plus aussi bien, qu'elle était quelquefois agitée; enfin elle découvrit quelques autres indices plus certains qui la mirent au désespoir. Elle crut sa fille perdue; elle voyait là dedans une monstruosité si épouvantable, qu'elle ne savait comment l'expliquer, et d'autant plus épouvantable, qu'elle était persuadée qu'une chose comme celle-là devait toujours être montrée par quelqu'un. Elle prit des mesures très-exactes pour prendre l'enfant sur le fait; et lorsqu'elle lui dit : Qu'est-ce que vous faites là? la petite, toute étonnée de son ton et de son air courroucé, lui répondit simplement et naïvement : Maman, je me gratte. La douleur et l'inquiétude qui agitaient cette mère l'empêchant de voir que cette action était pour l'enfant la plus innocente du monde, elle lui dit plusieurs phrases qui exprimaient tout le mal qu'elle y trouvait; à quoi l'enfant répondit du même ton : Mais, maman, comment peut-il y avoir du mal à se gratter à cette place plutôt qu'à une autre ? Cette réponse, et surtout l'air et le ton avec lesquels elle fut faite, commencèrent à rassurer la mère, et à lui faire voir que ce n'était qu'un acte purement physique, auquel ni le moral ni l'esprit de l'enfant n'avaient aucune part, et que, par conséquent, le mal ne serait pas aussi difficile à réparer qu'elle l'avait craint d'abord. Elle se tranquillisa un peu, se calma, et au lieu de la gronder, elle raisonna avec elle, l'interrogea avec soin, et découvrit, par l'enchaînement de ses réponses et les remarques qu'elle avait déjà faites elle-même, comment la chose avait commencé. Il lui parut bien aussi qu'il n'y avait pas moyen de donner des raisons assez claires et assez fortes à une enfant aussi jeune, pour l'engager à résister toute seule à l'habitude qu'elle avait contractée. Elle fit bien tout ce qu'elle put pour lui faire comprendre qu'il y avait un très-grand danger pour sa santé ; mais elle prit encore un moyen plus efficace. Se servant du prétexte de quelques engelures qu'elle avait aux doigts, elle lui fit des manches épaisses et fort longues, qui lui enveloppaient toute la main, et se nouaient au-delà de son extrémité, de manière qu'ayant les bras parfaitement libres, elle ne pouvait point faire usage de ses mains lorsqu'elle était couchée. Comme il lui devint impossible de se gratter, le repos calma bientôt l'irritation nerveuse qui causait son mal, et l'excitait à l'aggraver. La santé de cette petite se rétablit promptement, et elle promit bien de ne jamais recommencer à se rendre malade ; mais, pour éviter tout danger et les récidives que le souvenir et le sommeil pouvait entraîner, la mère, devenue prudente par expérience, lui fit porter sous différens prétextes la camisole à longues manches qu'elle avait imaginée, tant qu'elle put craindre la moindre chose. Elle mit aussi les plus grands soins à écarter toutes les idées qui auraient pu la faire penser au grattement et aux sensations qu'il procurait, et à faire en sorte que la connaissance du mal se perdît avec les traces de la maladie. Comme cette action était purement machinale, elle réussit parfaitement. La petite n'en conserva pas même le souvenir, et je suis parfaitement sûre qu'aujourd'hui l'innocence et la pureté d'esprit de cette jeune et charmante fille ne lui feraient envisager cette action, si on lui en parlait, que comme une faute semblable à celle que commettent les enfans qui, ayant la petite-vérole, se grattent au visage.

Je crois que, par la nature des causes qui peuvent faire naître cette habitude chez les très-jeunes enfans, elle est plus fréquente chez les petits garçons que chez les petites filles; et la raison en est assez claire et assez facile à comprendre pour que je me dispense de te l'expliquer. A l'âge de huit à neuf ans les causes sont les mêmes pour les deux sexes; mais je crois pourtant qu'en général elle est toujours plus dangereuse et plus difficile à corriger chez les garçons; il faut donc y apporter la plus scrupuleuse attention, s'il te vient un fils. J'ai eu beaucoup de peine à en garantir le mien; son tempérament, excessivement nerveux, sa très-grande sensibilité, peut-être quelques dispositions particulières et précoces, le portaient machinalement à chercher ce genre de sensations; car, tandis que je le nourrissais, si je le laissais un moment s'amuser seul et nu, je voyais ses mains prendre aussitôt cette direction. Je ne manquais jamais alors de donner sur elle un coup, petit, mais pourtant assez fort pour qu'une sorte de douleur pût l'avertir qu'il ne fallait point les porter de ce côté. Lorsqu'il a été un peu plus grand, j'ai motivé mes défenses, et suivant toujours le principe que je t'ai développé, je lui disais que cela faisait pisser au lit, et toutes mes recommandations à ce sujet avaient toujours la propreté pour motif. D'ailleurs, je suis persuadée que cela peut se lier dans le physique des actions comme dans les sentimens de décence, car il est certain que c'est presque toujours là l'unique cause qui empêche des enfans déjà grands de pouvoir se retenir la nuit lorsqu'ils dorment : ils ne conservent le plus souvent l'habitude de pisser au lit que parce qu'ils ont l'autre. Ce que je lui disais à cet égard était donc très-vrai, et mes raisons pour l'empêcher de toucher à son *caca* (il faut donner un nom aux choses pour pouvoir en parler, et celui-là, qu'il comprenait très-bien était fort naturel, et n'avait rien d'engageant) ; mes raisons, dis-je, étaient convaincantes et positives ; il pouvait les sentir et les comprendre facilement : aussi elles agissaient sur son esprit. Quand il fut plus grand, je lui répétais que cela rendait malade, et que l'on était obligé de prendre beaucoup de lavemens pour se guérir, parce que c'était le remède le plus désagréable pour lui. Un petit garçon à peu près de son âge qu'il connaissait étant venu à mourir, cela lui frappa un peu l'imagination, et je ne manquai pas de lui dire qu'il était mort pour avoir touché à son *caca*. Grâce à tous ces moyens, je l'ai parfaitement garanti d'une habitude qui, avec sa constitution, son organisation et l'ardeur de son imagination, l'aurait irrésistiblement tué ou corrompu. Il est vrai que je n'aurais pas réussi à lui donner à lui-même la volonté de résister au penchant naturel qui le poussait, s'il n'eût pas été persuadé de la vérité de toutes mes assertions, par la très-grande confiance qu'il avait en moi. Maintenant qu'il a huit ans; je le surveille toujours, mais je me garde bien de lui en parler, parce qu'il serait à craindre que mes recommandations ne fissent un effet tout opposé à celui que je désirerais. Il n'y pense en aucune manière; et comme il est fatigué de courir et de jouer une grande partie de la journée, à peine il est dans son lit qu'il s'endort. Le matin on est obligé de l'éveiller une fois ou deux pour le faire lever; ainsi il n'y a pas à craindre que le lit lui en fasse venir l'idée. Je suis parfaitement sûre que personne ne la lui communiquera, parce qu'il n'a pas de camarades qui puissent le lui apprendre, et que ses jeux, comme ses études, se font sous mes yeux. Je suis sûre encore que, si quelques petits mauvais sujets trouvaient l'occasion de lui parler de cela, il en serait scandalisé, et n'aurait rien de plus pressé que de me le raconter. Pourtant, malgré toutes les garanties que son caractère et mes soins peuvent me donner, ma prudence n'est pas endormie, parce que je sais que de quelque manière que cette idée lui vienne maintenant, l'action qu'elle entraînerait ne serait pas machinale, et le danger qu'elle lui ferait courir, tout aussi grand pour sa santé qu'à l'âge de deux ou trois ans, le serait encore bien davantage pour son moral : mais si je suis maîtresse de garder mon fils près de moi, je suis bien sûre que ce vice ne l'atteindra jamais. J'en suis sûre par plusieurs raisons : d'abord parce que je le surveille assez pour ne laisser la possibilité à personne de le lui apprendre ; que je l'occupe assez physiquement et moralement, pour qu'il n'a pas le temps d'y songer tout seul, et ensuite que, si, malgré mes soins, quelques circonstances extraordinaires le mettaient à même d'y penser ou de l'apprendre à mon insu, il me suffirait, dès que le plus léger indice me le ferait soupçonner, de l'interroger directement pour en connaître tous les détails, et par conséquent d'avoir la faculté d'y apporter remède. Comme il est incapable de me mentir, qu'il a une assez grande confiance en moi pour croire aux raisons avec lesquelles je lui en ferais connaître le danger, et que je lui donnerais pour l'empêcher de s'y livrer, et que de plus il a la conviction qu'il est impossible de m'en imposer, l'idée : que dira maman ? viendrait toujours dans son esprit balancer celles qui l'engageraient à se laisser aller. Si tu ne me connaissais pas, et lui aussi, tu pourrais croire, ma chère amie, que je m'abuse dans ce point. Mais mes principes ne seraient pas sûrs, et ma première éducation n'aurait pas été bonne, si je n'en avais pas obtenu ce résultat. Théonice vient seulement de percer ses dernières grosses dents ; je ne peux pas encore parler de son caractère : mais dans celui des deux aînés, je puis juger l'effet de mes soins. Je suis sûre d'avoir obtenu ce que je désirais dans tous les points qui ont pu dépendre de ma volonté. Mes enfans ne sont pas parfaits ; et bien que je n'aie certainement pas à me plaindre de la nature pour les dons qu'elle leur a faits, ce ne sont pourtant des prodiges sous aucun rapport, et ils sont médiocres sous beaucoup d'autres. Dans plusieurs facultés de l'esprit je pourrais encore avoir beaucoup de vœux à former, mais pour tous les sentimens que l'âme inspire et que le cœur manifeste, je n'ai, Dieu merci, rien à désirer ; ce sont des enfans bons, aimables, intéressans, dont la tendresse sert de compensation à toutes les peines de ma vie, et qui feront, j'espère, par leurs vertus, la gloire et le bonheur de mes vieux jours; mais enfin, ce ne sont point des enfans extraordinaires, ni des génies privilégiés : avec une tendresse moins active et des soins moins assidus, ils auraient peut-être contracté des défauts assez graves pour compenser en mal les facultés distinguées que Dieu leur a données, et dont ils feront certainement un bon emploi, à moins que des événemens malheureux ne viennent balancer ou détruire mon ouvrage. Ils sont maintenant assez grands et assez développés pour pouvoir prouver la bonté de mes principes d'éducation morale, comme leur santé et leur figure ont toujours attesté l'excellence de leur éducation physique.

Je t'ai détaillé avec beaucoup de soins, ma chère Victorine, les causes et les dangers de cette habitude vicieuse, ou de ce vice habituel des enfans; je t'en ai parlé un peu trop longuement, peut-être, mais j'ai été à même d'en voir si souvent de funestes effets, et de me convaincre du grand nombre de ceux qui en sont atteints, qu'il m'a paru utile de te prémunir fortement contre elle. On n'apporte généralement, dans l'éducation particulière, ni assez de soins pour éviter les causes qui peuvent la faire naître innocemment, ni une assez grande surveillance pour l'empêcher de se prendre par la contagion et les mauvais exemples, parce qu'on n'apprécie exactement ni ses causes ni ses effets.

Adieu......

LIVRE IV.

Une des choses les plus importantes, après celles dont je t'ai déjà parlé, ma chère amie, et peut-être des plus difficiles à obtenir, c'est de faire en sorte que ta fille ne te mente jamais. C'est encore là un de ces principes que je regarde comme fondamental en éducation : on ne peut bâtir solidement que sur cette base, et il ne faut rien négliger pour la poser. Il faut mettre à cela tous tes soins, et, en suivant les principes que je t'ai indiqués jusqu'ici, tu réussiras sûrement aussi bien que j'ai réussi avec les miens. Il est impossible de perfectionner, ni même de bien diriger le moral d'un enfant à qui on laisse contracter l'horrible habitude du mensonge. Ce vice, quand il a sa véritable forme et toute son étendue, me fait horreur, parce que je le regarde comme la gangrène du cœur et la pourriture de l'esprit. Les anciens avaient fait du mensonge une divinité infernale; on a dit depuis qu'il était fils de l'erreur: cela peut-être; mais, pour moi, je le crois père de la perfidie, et frère de la fraude et de la ruse. Quand la volonté se manifeste par le développement ou l'exercice de semblables facultés, l'âme est en grand danger de se corrompre, si elle ne l'est pas déjà. On m'a souvent objecté que l'on ne pouvait pas faire autrement que de mentir, et que les enfans eux-mêmes y étaient souvent forcés. On leur défend d'être bavards, de rapporter, et, pour éviter cela, ils sont souvent obligés de mentir; ainsi, par exemple, l'un d'eux a été témoin d'un événement: on lui a défendu d'en parler, de dire qu'il l'a vu; un curieux vient à cet enfant, et l'interroge sur cette chose. Que fera-t-il? S'il dit qu'il l'a vu, il est indiscret, il rapporte, il désobéit, il transgresse la défense qu'on lui a faite; s'il nie qu'il ait vu, il ment. L'enfant, dit-on, ne peut se tirer de cette difficulté que par quelques subterfuges qui sont toujours des espèces de mensonges, ou par une finesse d'esprit qui n'est pas donnée à tous de posséder. Pour lever toutes ces difficultés, et pouvoir bien s'entendre sur ce point important, il faut d'abord définir exactement ce que c'est que le mensonge, et ne pas risquer de se jeter dans Carybde pour éviter Sylla. On dit souvent : Vous ne dites pas la vérité, vous mentez, comme si, ne pas dire la vérité et mentir étaient synonymes. C'est assurément très-différent. Les vérités les plus importantes sont presque toujours celles qu'il faut taire avec le plus de soins, et la discrétion, qui est souvent une vertu, ne s'exerce qu'en taisant des vérités: ainsi on peut très-bien ne pas dire la vérité, et ne pas mentir. Mentir, c'est donner pour vraie une chose que l'on sait être fausse, avec l'intention de tromper, sans y être forcé par un sentiment vertueux. Quelqu'un affirme un fait, il le croit vrai; on lui prouve qu'il est faux : on l'a trompé ou il s'est trompé, mais il ne ment pas tant qu'il croit ce qu'il dit. On peut encore, d'après la définition que je viens de faire du mensonge, ne pas dire vrai en le sachant, et pourtant ne pas mentir. Ainsi, par exemple, je suppose que j'ai confié à un ami un secret d'où dépend ma fortune ou ma vie; une circonstance quelconque le met dans le cas d'être interrogé sur le fait qu'il connaît : si la vérité est découverte je suis perdue ; mon ami affirme qu'il n'a aucune connaissance de ce qu'on soupçonne, et prouve même par quelques incidens qu'il imagine que la chose ne paraît pas pouvoir être. A-t-il menti ? Non, il a dissimulé une vérité qui aurait perdu son amie. Si cette dissimulation ne l'exposait à rien, il n'a été que discret; si elle le compromettait de quelque manière, il a été discret et courageux; si elle lui faisait courir le même danger que celui duquel il m'a tirée, il a fait un acte sublime, dont une rare vertu peut seule donner la force. Quand donc mentir est-il un vice si bas et si dangereux ? Il l'est, toutes les fois qu'on a l'intention de tromper, sans y être forcé par un sentiment vertueux; toutes les fois que c'est l'intérêt et l'égoïsme qui engagent à taire ou à simuler la vérité. Du reste, le mensonge se prête à toutes les nuances du mal, et peut quelquefois être innocent. C'est un vice, quand on l'emploie pour réussir à satisfaire ses passions ; il devient un crime quand il entraîne à calomnier ; c'est une bassesse, quand on en use pour se faire valoir ; ce n'est qu'un ridicule, quand on s'en sert pour se parer de l'esprit des autres. On se façonne si bien à mentir, qu'il y a des individus qui finissent par ne plus s'en apercevoir, et qui se persuadent à eux-mêmes les choses qu'ils imaginent. Une personne, qui a contracté cette habitude, ne peut point inspirer de confiance, ni par conséquent une estime véritable ; et quand on s'expose facilement à perdre l'estime d'autrui par des mensonges, c'est que l'on a la conscience secrète qu'on ne peut la mériter en disant véritablement ce que l'on pense. Quand l'homme ou la femme sont formés, le mensonge prend la couleur de leur caractère et de leur esprit : c'est un moyen qu'ils emploient, selon la nature des actions que leur volonté leur inspire ; mais chez les enfans, c'est un moyen de corruption, et un obstacle si grand à la direction de leur volonté, qu'il devient presqu'impossible de le surmonter quand il est bien développé, et qu'ils se sont exercés à son usage. Il faut donc tâcher, par tous les moyens possibles, d'inspirer l'amour de la vérité aux enfans; et le plus efficace de tous ceux qu'on peut employer, c'est de faire en sorte qu'elle leur soit profitable. Tant que l'individu n'est pas développé, tant qu'il n'agit que par une sorte d'instinct, cette manière est la seule qui, pour tout ce qu'on veut lui faire admettre, offre un succès presque toujours certain. Un enfant ne juge de la bonté et de l'utilité des choses que par le bien, le plaisir qu'il éprouve, ou celui qu'il s'imagine qu'il en éprouvera. Si le mensonge lui porte toujours préjudice, et que sa franchise lui épargne des chagrins, des soucis, des punitions, il est incontestable qu'il aimera mieux dire vrai; tandis qu'au-contraire, si, en mentant, il peut espérer d'obtenir ce qu'il désire, ou d'éviter ce qu'il craint, il n'hésitera pas à le faire, parce qu'il ne peut avoir encore du bien ou du mal qu'une idée relative à celui qu'il éprouve.

L'âme d'un enfant n'est pas assez dégagée des influences corporelles et son esprit trop peu développé pour qu'il puisse juger indépendamment de ses sensations. C'est pourquoi il faut toujours avoir soin, quand on veut réussir à lui inspirer le goût d'une chose, ou la volonté de résister à celles que l'on croit mauvaises pour lui, qu'il trouve son intérêt, c'est-à-dire, des plaisirs, des jouissances relatives à ses goûts et à ses facultés, à faire ce qu'on exige de lui. Autrement on pourra bien le contraindre, mais non le convertir. On ne pense pas ordinairement à prendre tant de précautions pour faire vouloir les enfans; et souvent même on agit avec eux d'une manière toute opposée. On commence par rendre pénibles, désagréables ou ennuyeuses les choses qu'ils doivent faire par la manière de les leur présenter, et ensuite on emploie la force pour les engager à les admettre ou à les aimer. Je n'ai jamais approuvé cette méthode, et ce n'est point celle-là que j'ai suivie avec mes enfans. J'ai toujours essayé de leur persuader d'avance que ce que je voulais leur faire

faire était dans leur intérêt présent ou éloigné et j'ai toujours fait en sorte de leur prouver ce que je disais. Je déteste le mensonge; il ne m'a pas été difficile de leur montrer que je ne l'aimais pas, et qu'il me déplairait en eux plus que dans tous les autres : ensuite, bien que j'aie été souvent obligée en ma vie de ne pas dire la vérité, j'ai toujours pu prouver à mes enfans, par ma conduite et mes discours, que je ne mentais jamais, par conséquent j'avais le droit d'exiger d'eux la même chose avec moi. Je leur disais : Il peut vous arriver de faire une sottise, tout le monde en fait de plus ou de moins grande, mais quand on est fâché de les avoir faites, elles peuvent toujours se réparer. Si vous en commettez, avouez-les-moi franchement, je vous indiquerai les moyens de vous en garantir une autre fois, et je vous pardonnerai; mais si vous mentiez, si vous ajoutiez à votre faute cette faute bien plus grande, je m'en apercevrai tout de suite, je vous punirai doublement, et je n'aurai plus confiance en vous. Je leur répétais cela toutes les fois que la plus petite circonstance pouvait m'en donner l'occasion, et je leur montrais en même-temps que je savais toujours d'avance ce qu'ils avaient fait. Dès qu'ils ont pu parler, et qu'ils agissaient mal de quelque façon, j'avais grand soin de prendre à leur insu des moyens qui puissent les engager à me l'avouer, et puis je leur disais : Je le savais; cela est bien mal : je me serais fâchée, je t'aurais puni, mais puisque tu me l'as dit toi-même, je te pardonne. Quand la faute n'était pas bien grave, je la pardonnais, et j'ajoutais une récompense pour la franchise qu'on avait montrée, ensuite je leur prouvais par des exemples que les menteurs étaient toujours découverts; et quand ils ont été un peu plus grands, j'ai eu grand soin de les croire incapables de faire une chose aussi mauvaise et aussi laide. En témoignant de la méfiance, on excite à tromper. La persuasion où j'avais l'air d'être que la faute était trop grande pour qu'ils pussent la commettre, la rendait bien plus difficile pour eux. j'avais d'ailleurs bien soin de ne les mettre jamais dans une position où ils auraient gagné beaucoup à me tromper, au contraire, tous les avantages, tous les profits étaient toujours pour eux du côté de la vérité. Il faudrait un naturel extrêmement mauvais pour être tenté de faire autrement que bien, quand faire bien est une chose facile et avantageuse, et je suis sûre encore, que si mauvais que soit un naturel, il fera toujours le bien, si on sait le lui rendre propre, c'est-à-dire, le lui faire considérer comme le sien. L'on gagne toujours quelque chose à agir ainsi, parce que, quel que soit le motif qui porte à faire le bien, quand on le fait souvent, même par intérêt, on s'y accoutume, et cette habitude rend toujours meilleur avec le temps. Tandis qu'au contraire, quel que soit le brillant du sophisme qui engage à faire le mal, on dégrade son âme, d'autant qu'on s'est abaissé dans l'action que l'on a commise.

Les enfans sont presque tous menteurs, et cela par des motifs bien simples; on les trompe, et on leur ment à eux-mêmes à chaque instant, il est bien naturel qu'ils prennent l'habitude d'imiter la conduite des personnes qui doivent leur servir de modèle. Ensuite il faut considérer que le mensonge, dans les choses ordinaires, et qu'on peut regarder comme indifférentes sous plusieurs rapports, est la ressource des esprits faibles ou bornés, et en général des ignorans. Ils emploient ce moyen pour se tirer d'embarras, pour esquiver une difficulté qu'ils ne peuvent pas résoudre, ou remplacer des vérités qu'ils ne peuvent pas trouver; ils mentent quelquefois faute de savoir faire autre chose, et parce que celle-là est très-aisée quand on en contracte l'habitude. Il est presque toujours beaucoup plus facile de nier qu'on a fait une action, que de rendre raison des motifs qui ont excité à la faire. Un enfant qu'on interroge brusquement, qui ne sait pas souvent si la chose qu'il a faite est bien ou mal, mais qui a déjà été repris dans des circonstances où il doutait de même, nie pour se tirer d'affaire, et une autrefois il affirmera, s'il le croit utile pour lui. Tu dois comprendre, ma chère Victorine, que, dans la méthode que l'on suit ordinairement avec les enfans, ce mouvement leur est très-naturel, parce qu'ils ne trouvent pas, dans leurs facultés, des ressources suffisantes pour se tirer de tous les embarras où des exhortations, des recommandations souvent contradictoires les mettent à tout moment. Mais, par malheur, cette habitude, qu'ils peuvent contracter ainsi assez innocemment, devient avec le temps un moyen dont ils se servent pour échapper à votre surveillance, vous rendre leurs dupes, et dissimuler tous les mauvais penchans qu'il n'est plus en votre pouvoir de combattre. Chez les adultes, le mensonge est, comme je l'ai déjà dit, un moyen calculé pour réussir plus sûrement à obtenir, ou à persuader ce qu'ils désirent; mais chez les enfans d'un bon naturel, il est ordinairement inspiré par la crainte : du moins c'est presque toujours ce sentiment qui les excite à commencer de s'en servir. Ce vice, comme beaucoup d'autres, peut donc souvent, dans son principe, s'allier avec l'innocence; mais, comme sa nature est excessivement corrompante, si je puis me permettre cette expression, il avilit et dégrade promptement le moral de ceux qui s'y livient, paralyse l'effet des bons exemples, et rend l'éducation insuffisante dans ses moyens répressifs.

Il faut que tu saches, ma chère amie, que j'ai eu, sous beaucoup de rapports, dans l'éducation de mes enfans, plus de peine à empêcher les personnes qui m'entouraient de contre-carrer et de détruire mon ouvrage, que de les diriger eux-mêmes. Il faut t'attendre à de semblables difficultés, et t'armer de patience pour les surmonter. Il est incroyable la peine que j'ai eue à empêcher qu'on ne dise à ma fille, dans des momens de distraction, d'impatience, sans se donner en aucune façon le temps d'examiner ni de réfléchir sur la chose dont il était question : Cela n'est pas vrai, vous êtes une menteuse; il m'a fallu pour obtenir de la retenue à cet égard une persévérance extraordinaire. Ce n'est qu'avec de très-grands efforts que j'ai pu faire comprendre qu'en s'exposant à accuser faussement, on s'expose aussi à donner à l'enfant la preuve que l'on ne sait pas distinguer la vérité de l'erreur, et qu'il pourrait vous tromper facilement; ensuite, qu'en accusant souvent, on familiarise avec l'idée du mal dont on veut inspirer l'aversion, et que rien n'est plus dangereux. Un enfant pourra-t-il avoir la force de résister à la tentation de commettre une faute qu'on lui montre facile, dont on le croit capable, et qui se présentera à lui avec avantage? Non, sans doute. Il faut, pour cela, tout l'effort de la volonté, et une vertu exempte de faiblesse. Cela m'a été un peu moins difficile à obtenir vis-à-vis de mon fils, parce que l'expérience de l'aîné avait prouvé que ma méthode était bonne. On trouvait un peu moins ridicule de m'entendre dire, quand on voulait accuser Dioclès de mensonge : Il est incapable de mentir; s'il l'était, je cesserais à l'instant de l'aimer, et je le renierais pour mon fils; il est possible qu'il se trompe, nous allons le voir, et, si cela est, je suis sûre qu'il en conviendra tout de suite; et puis je l'interrogeais moi-même d'une manière convenable pour lui faire avouer la vérité, ou m'assurer qu'il l'avait dite. Malgré toutes les difficultés qui naissaient de ma position et de plusieurs circonstances dans le détail desquelles je ne peux pas entrer, j'ai parfaitement réussi avec mes enfans; ils ne m'ont jamais menti. Après avoir eu pendant long-temps l'air de les en croire incapables, j'ai acquis la certitude qu'ils l'étaient devenus, et quand je n'aurais retiré de mes soins que ce seul avantage, je le trouverais encore assez grand pour me récompenser de toutes mes sollicitudes. Lorsqu'il se passe quelque chose de travers dans une maison, s'il y a des propos faits, quelque chose de perdu, de cassé, quelqu'action dont l'auteur soit inconnu, on accuse les enfans, et souvent avec raison; moi, quand je veux apprendre l'exacte vérité d'un fait, si mes enfans ont pu le connaître, je les interroge, et j'ai la certitude d'en savoir exactement les détails. Il est vrai que je n'use de ce moyen que dans les occasions importantes. Ils savent qu'ils ne doivent me dire que ce que je leur demande; et je ne leur demande que fort rarement des choses qui ne les touchent pas directement, parce qu'un enfant, qui doit toujours dire vrai, ne doit pas être bavard. Il faut qu'il sache qu'il n'est pas bien de raconter à tout le monde ce qu'il a vu et entendu, et, ce qu'on lui défend pour soi, il ne faut pas le lui faire faire pour les autres. On ne peut exiger que ce qui regarde ses actions particulières, encore faut-il toujours les connaître avant de les lui demander pour être en état de juger sûrement la manière dont son esprit travaille, l'exactitude de ses idées, ou la nature de sa franchise. Quand il arrivait à un des miens de venir me raconter ce qu'il avait vu faire de mal aux domestiques ou à toute autre personne, je lui disais : je ne t'ai pas demandé cela, et tu ne devais pas me le dire ; il ne faut jamais répéter ce qu'on entend, ni dire ce qu'on a vu ; tu ne le dois à moi-même que lorsque je t'interroge. Quand je juge à propos de le faire, tu dois me dire tout ce que tu sais, parce qu'il serait fort mal qu'un enfant eût des secrets pour sa mère; mais avec toute autre personne, il faut garder ceux que l'on a, et ne jamais faire dans aucune circonstance le rôle d'accusateur ou de délateur. Lorsque Julie était encore toute petite, il arrivait souvent que les grandes pensionnaires, qui avaient envie de connaître *les secrets de l'école*, et qui savaient que ma fille ne me quittait jamais, s'adressaient à elle pour s'en instruire. Elles la caressaient, lui donnaient des bonbons, et lui demandaient ensuite ce qu'elles voulaient savoir. Mais la petite, qui était très-obéissante, leur disait exactement ce que je lui avais dit de répondre quand d'autres que moi l'interrogeraient. Maman m'a dit que personne n'avait le droit de me faire des questions, et qu'un enfant ne doit jamais dire ce qu'il a vu ou entendu. Lorsqu'on la pressait, elle savait fort bien ajouter : Cela ne vous regarde pas; quelquefois on prenait des tournures plus adroites, et qui l'obligeaient à plus de politesse, alors elle répondait seulement : Je ne sais pas. Une personne à qui je racontais un jour une petite circonstance dans laquelle j'avais été témoin de la discrétion de ma fille, sans qu'elle s'en doutât, et où je l'avais entendue dire d'abord : Maman m'a défendu de parler des choses que j'entends, et puis ensuite constamment : Je ne sais pas, m'assurait que dire, je ne sais pas, tandis qu'elle savait, c'était mentir; que je ne pouvais pas dire qu'elle ne mentait pas, mais seulement qu'elle mentait à propos, parce que la véritable franchise ne connaissait pas ces distinctions; qu'elle disait le vrai dans toutes les circonstances s'en s'inquiéter de ce qui pouvait en arriver. Je ne crois pas avoir besoin de réfuter un pareil raisonnement avec toi, ma chère amie, car il me semble qu'il est trop faible pour que tu n'en sentes pas à l'instant le ridicule. Mais les personnes qui se font un jeu du mensonge, ne manquent jamais de peindre la franchise sous cette forme, pour dégrader son essence et se disculper de ne point l'aimer. Toutes les fois que, pour les éclairer, on la leur montre sous son véritable aspect, qu'on en représente les couleurs vives et pures se mêlant avec toutes les autres sans perdre leurs nuances primitives et particulières, elles feignent de ne point les reconnaître, et s'obstinent à nier l'existence de sa nature réelle, pour être dispensé de lui rendre hommage sous sa véritable forme. Un enfant ne doit la vérité, dans toutes les circonstances, qu'à son père et à sa mère, ou à ceux qui les représentent. Vouloir qu'il la dise à tout le monde sans réserve et sans restriction, aurait presque autant d'inconvéniens que le mensonge, car, comme le dit Philinte dans la comédie du Misantrope :

> Il est bien des endroits où la pleine franchise
> Deviendrait ridicule et serait peu permise.

Dans la société, et sous le poids des devoirs qu'elle impose, la sagesse véritable n'existe que dans une vertueuse combinaison de ce que l'on doit à soi et aux autres. Il est beau de dire la vérité dans toutes les choses qui nous touchent : plus on court de danger à l'a faire connaître, plus on montre de vertu et de grandeur; mais si on laisse pénétrer celle qui peut en compromettre d'autres que nous, celle qui ne nous appartient pas en propre, on commet une action lâche et méprisable. Ce sont ces rapports du bien au mal, cette complication dans les diverses possibilités de l'application des mêmes principes, qui m'avaient fait dire il y a dix ans, dans le discours dont je te parlais au commencement de cet écrit, que, sans instruction morale, il n'y avait pas de vertu. Les principes de la vertu la plus pure ont besoin d'être appliqués avec discernement et justice pour produire le bien ; et le discernement et la justice ne peuvent être donnés que par la science et la sagesse. Ce n'est pas la nature qui apprend à dompter ses passions, à maîtriser ses mauvais penchans, à résister à toutes les séductions du plaisir, et au découragement de la douleur, enfin à être sage : c'est la force de la volonté, l'expérience de la vie sociale, ou l'influence des habitudes qu'a fait contracter une bonne éducation morale, qui donne les moyens de combattre avec avantage tout ce qui s'oppose à la vertu. Les philosophes qui vantent avec tant d'emphase l'innocence de l'homme dans l'état de nature, et qui peignent avec tant de force et des couleurs si rembrunies tous les vices de la société, sans pouvoir apprendre où a existé la première, ni comment on peut éviter les derniers, feraient bien mieux, à mon avis, d'employer les lumières de leur esprit à découvrir les moyens les plus sûrs et les plus efficaces pour faire accorder et concilier ensemble les impulsions et les loix de l'une, avec les restrictions et les contraintes de l'autre, et à faire naître de cet heureux mélange le bonheur des hommes dans ce monde, et la gloire et le repos de leur âme dans l'autre. Mais malheureusement l'amour de la domination, le désir de briller, excité par l'intérêt, et servi par le mensonge, dictent ces beaux discours. On écrit de belles maximes, et on fait de mauvaises actions; on déclame avec force contre le genre humain, on se déchaîne sur la perversité des hommes, on s'écrie qu'il faut de nouvelles loix, qu'il faut de nouveaux liens pour les rattacher à la vertu; et tel qui se croit destiné à les régénérer par les doctes inspirations de son génie, ne craint pas, dans sa vie privée, de les exposer aux dangers du scandale, ni aux influences pernicieuses des mauvais exemples. Chacun a sa manière de voir : moi je suis persuadée que dix belles maximes ne font pas autant de bien qu'une seule bonne action. Quoi que l'on puisse dire, la vérité que l'on feint d'adorer, tandis que l'on n'encense que l'erreur; la vertu à qui l'on rend hommage dans ses discours, et que l'on outrage par sa conduite; la nature que l'on invoque comme la dispensatrice de tous les biens, sans reconnaître son influence et sans comprendre ses inspirations; la société que l'on déprise en jouissant de ses bienfaits; l'esprit du siècle que l'on calomnie, et dont on essaie de mettre à profit l'opinion: toutes ces choses que l'on n'apprend pas à connaître dans les vaines déclamations de ces soi-disant sages, se montrent toujours favorables à ceux qui les recherchent seulement pour l'amour d'elles ou pour celui de ses semblables. Elles sont toujours dans le domaine de la vie, marchent avec le temps dans tous les lieux; et, sous des formes différentes, offrent sans cesse aux hommes accablés d'un rigoureux destin le refuge de la conscience et l'espoir de l'immortalité. C'est en vain que l'injustice et le malheur flétriraient mon âme, je ne succomberai jamais sous le poids de l'adversité, si je puis parler de la vertu avec d'un cœur pur, connaître les inspirations de la nature, apprécier la science qui sert de fanal et de guide entre le bien et le mal, la vérité et l'erreur, et si je puis adorer la divinité suprême, soutenue par une immortelle et sainte espérance.

Le nom de vérité, que j'ai si souvent entendu profaner, et les reproches qu'on fait à la société en général, en l'accusant constamment de tout le mal particulier, m'ont fait venir des idées, dont quelques-unes s'échappent quelquefois de ma plume; et, à la moindre application qui se présente, m'écartent malgré moi du sujet qui devait seul m'occuper. Heureusement pour toi, ma chère amie, que je ne peux pas écrire longtemps de suite : forcée de m'interrompre souvent, je m'aperçois beaucoup plus vite des écarts où je me laisse aller que je ne ferais sans cela. Ainsi, à quelque chose malheur est bon. Si toutes les distractions que des occupations fort étrangères à cet ouvrage me donnent à chaque instant lui nuisent sous un rapport, elles lui servent au moins sous celui-là, car sans elles tu pourrais bien me reprocher de parler d'autre chose que de ce que je veux dire, et m'accuser d'aller quelquefois chercher, comme on dit, midi à quatorze heures. Il semble bien que les opinions des philosophes n'ont aucun rapport avec la manière d'élever les enfans, et de les empêcher de contracter l'habitude du mensonge; pourtant cela s'est enchaîné dans mon esprit. Il est vrai que ce qui ne se lie pas dans l'application peut quelquefois se lier dans le principe; et ces idées, qui paraissent différentes, doivent se toucher par quelque côté, puisque l'une m'a fait venir l'autre. Mais, quoi qu'il en soit de ce contact, si le rapprochement qu'il m'a fait faire t'a ennuyée, je t'en demande pardon : je reviens à mon sujet, et je tâcherai de ne plus en sortir.

On peut parfaitement, j'en puis donner la preuve, accoutumer les enfans à être discrets, et à ne jamais mentir; mais il ne faut pas prétendre obtenir la politesse exacte, que beaucoup de personnes exigent, de ceux qui sont accoutumés à dire franchement ce qu'ils pensent, et à ne témoigner que ce qu'ils sentent. Tu te souviens sans doute de l'exclamation de Dioclès, en voyant entrer une personne qui venait te voir souvent, et dont les visites m'empêchaient de m'occuper de lui aussi long-temps qu'à l'ordinaire ; exclamation très-peu polie, à laquelle je n'eus point l'air de faire attention, parce qu'elle était l'expression d'une sensation vraie et naturelle pour lui. Voulant que mes enfans me laissassent lire dans leur pensée, et ne dissimulassent jamais leurs sentimens avec moi; que surtout ils ne feignissent point d'éprouver ceux qu'ils ne ressentaient pas, je ne me suis pas avisée de les asservir aux usages du monde et aux formes de la politesse, dans toutes les choses qui sont contraires à la vérité des mouvemens de la nature. Les enfans ne peuvent pas distinguer entre les mensonges de convention, qu'on appelle complimens, qui ne trompent personne, puisqu'on n'en fait qu'autant qu'on en reçoit, et ceux qui peuvent en imposer à la bonne foi, dissimuler les vices du cœur, et apprendre à se parer des traits de la vertu à l'aide des outrages qu'on lui fait volontairement. Il est impossible qu'un enfant qui ne ment jamais puisse être poli; c'est une chose qu'il faut savoir, et qu'il n'est pas difficile de démontrer. Mais je ne prétends pas dire par là qu'il doit être grossier. Je crois, ma chère amie, qu'il faut que je t'explique ma pensée avec quelques détails, non pour te persuader ce que tu as pu juger toi-même, connaissant mes enfans, mais pour te faire comprendre les moyens qu'il faut prendre pour obtenir un résultat satisfaisant en employant la même méthode.

La politesse des enfans, comme leur mensonge, a plusieurs caractères et plusieurs degrés. Je réunis ici ces deux choses, parce qu'elles se tiennent. J'en pourrai réunir encore beaucoup d'autres avec le mensonge, parce qu'il s'applique malheureusement à tout. Si on voulait, dans la société, réduire les sentimens, les actions, les discours, à leur vérité pure, la part du mensonge absorberait souvent le plus beau et le meilleur. Les enfans menteurs mentent pour affirmer ce qui n'est pas, et pour nier ce qui est, ou en promettant de faire ce qu'ils ne feront pas, ou en ne tenant pas ce qu'ils ont promis de faire. De ces quatre manières, deux sont seules irrésistiblement mauvaises; les deux autres peuvent être innocentes, et le sont presque toujours dans l'esprit des enfans. Celui qui promet de ne pas faire une chose peut bien avoir cette véritable intention au moment où il fait la promesse, et alors il ne ment pas : si, plus tard, il fait l'action, il peut bien avoir oublié ce qu'il avait promis; donc, on a tort d'appeler mensonge ce qui n'est qu'oubli, entraînement, séduction ou faiblesse, selon la circonstance. Ah! qu'il est difficile, même au plus sage des hommes, de ne pas mentir quelquefois de cette manière! et comment exiger d'êtres encore incapables de raison une force que, malgré le jugement et la réflexion que l'expérience a fait acquérir, on n'est certainement pas sûr de posséder toujours soi-même? Lorsqu'on somme un enfant de tenir la promesse qu'il a faite pour se débarrasser d'une situation pénible, et qu'il refuse, peut-on dire qu'il ment? s'il n'a pas le courage de se résoudre à avaler cette médecine amère qu'il avait promis de trouver bonne, parce qu'il espérait qu'elle le deviendrait, parce que l'avenir était pour lui dans le néant, et parce qu'enfin qui gagne temps gagne tout, peut-on dire qu'il ment ? Non. Il manque de force ; il a manqué de jugement ou de prévoyance ; il a eu tort de promettre ce qu'il ne pouvait pas tenir : c'est une faute. Mais celui qui lui a fait faire la promesse est plus coupable que lui. Je n'en finirais pas si je voulais t'expliquer toutes les nuances de ce qu'on appelle mensonge, parce que la différence des motifs qui inspirent les actions change tout-à-fait la nature de ces mêmes actions. Pour être juste dans le jugement que l'on porte sur elles, il faut connaître la véritable intention de celui qui a agi ; et quand on veut, en écrivant, exposer les principales modifications qui peuvent naître des différentes circonstances de la vie, il faut examiner la chose sous tant d'aspects divers, que le principe s'en trouve divisé à l'infini. Il en est de la politesse comme du mensonge : si je voulais la suivre dans toutes ses applications, je n'en finirais pas. La politesse ne se considère ordinairement que comme un résultat de l'éducation et des habitudes que l'on contracte dans la bonne société. Mais, moi, je crois qu'elle a un principe naturel, indépendant de cela, qui se trouve plus ou moins développé chez les différens individus. Je ne chercherai pas si c'est une faculté, ou la réunion de plusieurs facultés qui la produisent; si c'est une disposition particulière ou générale de l'individu, cela ne me paraît pas utile; mais ce qui est bien certain, c'est que l'on est poli, indépendamment de l'éducation. On voit tous les jours des personnes qui ont constamment fréquenté le grand monde, qui ont été bien élevées, et qui ne sont point du tout polies. On en voit d'autres, au contraire, qui ont toujours vécu avec des gens très-grossiers, qui ne sont elles-mêmes nullement instruites, et qui, pourtant, se font remarquer par la politesse de leurs manières et l'honnêteté de leurs discours. Il faut pourtant distinguer. Il y a une sorte de politesse qui peut se considérer comme entièrement dépendante de l'éducation : c'est celle qui réside dans l'élégance des tournures et des formes que l'on sait donner aux choses les plus simples, et la grâce que l'on met à s'en servir ; grâce acquise, qui ne ressemble pas du tout à la grâce naturelle qu'elle n'exclut pourtant pas, mais qui lui est étrangère, parce que l'art ni le savoir n'entrent pour rien dans les élémens qui composent celle-ci. Cette sorte de politesse se montre aussi dans le choix et l'application des formules de complimens d'usage, et dans l'exacte observance de toutes ces espèces de devoirs qu'à la cour on nomme étiquette, et qu'imposent les relations du monde. Il faut, pour remplir exactement tous ceux que la société fait naître, en faire une étude particulière ; et, puisqu'on appelle politesse la connaissance et l'usage de ces devoirs qui, pour quelques personnes, renferment presque toutes les bases de l'éducation, il est certain qu'on ne la possède jamais, si on ne l'apprend pas.

Mais il y a une autre politesse qui a, je crois, un principe inné chez les individus : c'est celle qui semble partir du cœur, que je n'ai jamais rencontrée entière et véritable chez les égoïstes ni les avares; celle qui oblige à se taire quand on a envie de parler; à écouter jusqu'au bout un discours qui ennuie, pour ne pas blesser la personne qui le fait; à donner sa chaise lorsqu'on serait bien aise de rester assis; à céder sa place alors même qu'on la trouve agréable et commode; enfin, à avoir toutes ces attentions, toutes ces complaisances, tous ces égards qui font le charme de la société : elle prend, selon le sexe, l'âge, le rang des personnes vis-à-vis desquelles on l'exerce, le nom de galanterie, de courtoisie, de complaisance et d'affabilité, parce qu'elle se modifie par une très-grande quantité de causes.

Pour être réellement très-poli dans toutes les circonstances, il faut posséder un grand nombre de bonnes et de belles qualités : il faut de la douceur, de la patience et de la générosité. Il faut de la douceur et de la patience pour être poli avec les personnes qui ne le sont pas, et avec celles dont les discours ont blessé d'une manière quelconque ; il faut de la générosité pour céder à un autre un avantage ou une commodité sans y être engagé par aucun intérêt. Une politesse entière et parfaite exige certainement la pratique des vertus douces et aimables. Ce n'est, le plus souvent, qu'un vernis qui ne change rien au fond. Je le sais bien ; mais, si un vernis brillant ne change pas les substances sur lesquelles on l'applique, il les rend au moins plus agréables et plus précieuses. C'est par conséquent une disposition que je regarde comme très-bonne en elle-même, et très-utile dans ses résultats. Tous les reproches qu'on lui adresse me paraissent fort peu justes, parce que, si bonnes ou si mauvaises que soient les choses de ce monde, la volonté de l'homme est toujours libre dans l'usage qu'elle en fait. Je sais bien qu'un hypocrite, un fourbe est poli tout comme un autre, et peut-être plus qu'un autre, quand cela est utile à la réussite de ses desseins ; mais ce n'est pas dans la politesse que ces vices résident, et ce n'est pas elle qui les inspire : quand elle devient une fourberie, c'est qu'elle est employée par un être vicieux, tandis que, si un homme honnête et bon en fait usage, elle est franche et pure comme lui. Je pense qu'on doit accoutumer les enfans à s'en servir et leur apprendre à connaître ses formes; mais il faut faire cela lorsqu'ils sont d'âge à pouvoir comprendre la nature des devoirs que les rapports qui existent entre tous les êtres d'une même nature réunis ensemble exige d'eux réciproquement, et à distinguer les égards mutuels et particuliers des formes conventionnelles et générales. Les enfans, comme je te l'ai dit, doivent être dirigés de manière à ce qu'ils puissent avoir une grande confiance dans ceux qui les élèvent, parce que c'est de la confiance que naît l'obéissance, et que ce n'est qu'à l'aide de l'obéissance que l'on peut exiger d'eux des choses que d'abord ils ne comprendront pas, mais qu'ensuite on leur montrera utiles. Il en est d'autres qu'on leur fait facilement comprendre en s'y prenant bien. Un enfant veut, vous voulez aussi, cela est très-compréhensible pour lui; il veut du bonbon, vous voulez bien lui en donner, mais à condition qu'il vous le demandera d'une manière qui vous plaise; s'il ne veut pas se soumettre à la formule que vous exigez, il est bien le maître, mais vous l'êtes aussi de lui refuser ce qu'il demande; et certainement, s'il ne peut l'avoir autrement, il aimera mieux dire les mots qu'on exige que de s'en passer. Il en est de même de toutes les parties de la politesse qui peuvent devenir une sorte d'échange avec eux. Tu peux être sûre, ma bonne amie, que toutes celles qui leur procureront un avantage réel et appréciable, ils les apprendront facilement ou s'y soumettront sans peine, parce qu'il est aisé de se résoudre à acheter les choses qui plaisent; mais on n'achète pas sans y être forcé celles qui fatigue, qui ennuie, ou celles qu'on ne comprend pas. Ainsi, les enfans ne seront pas poli quand ils ne verront aucun intérêt ni aucune nécessité à l'être; et un enfant sincère le sera encore moins qu'un autre, parce qu'un petit avantage momentané ne l'excitera pas à trahir la vérité de ce qu'il pense. C'est par cette raison qu'on peut apprendre assez vite aux enfans à demander poliment ce qu'ils ont envie d'avoir, à remercier après l'avoir reçu ; mais il est bien plus difficile et bien plus long de leur faire comprendre l'utilité de faire des complimens aux personnes qu'ils ne connaissent pas, et qui surtout ne leur plaisent pas. Il y a des enfans qui sont à cet égard d'un entêtement extraordinaire, et qu'on ne pourrait contraindre sans les plus grands dangers. Mon frère aîné, que tu connais bien, se faisait distinguer dès l'âge de dix à douze ans par sa galanterie et ses complaisances auprès des dames et des demoiselles, et, à l'âge de cinq ou six ans, il était impossible de lui faire dire bonjour à une personne qui ne lui plaisait pas. Une fois, ce fut la dernière où mes parens essayèrent de le contraindre à cet égard, et je m'en souviens encore comme si j'y étais, malgré que je fusse extrêmement petite, tant cela me fit impression, on avait voulu lui faire dire bonjour à une personne qui, à ce qu'il paraît bien, n'avait pas eu le bonheur de lui agréer ; mon père lui dit d'abord : Allons, petit, fait serviteur, dit bonjour à Monsieur ? Tu sauras qu'il était si petit et si délicat en venant au monde, et qu'il le fut tellement durant toute son enfance, que le surnom de petit lui en resta long-temps, et lui serait, je crois, resté toute sa vie, s'il n'avait pas mis toute la force de son caractère à faire perdre cette habitude. Petit, au lieu d'obéir, secoua la tête, et s'en alla à l'autre bout de la chambre; maman fut le chercher, le gronda, le fit revenir devant la personne en visite, qui lui demanda : Hé bien ! voulez-vous me dire bonjour à présent ? Non, répliqua petit d'un air très-décidé. Comment ! non : vous êtes un malhonnête. Monsieur, vous direz bonjour, ou vous aurez le fouet. On se fâche, on le presse de toutes les manières; il persiste dans son refus : on le fouette, il pleure, il crie, et moi aussi : tout cela est inutile; on lui dit qu'il sera fouetté jusqu'au temps qu'il dira bonjour. Vaincu par les coups de verges, il s'écrie qu'il va le dire : on s'arrête, on lui donne le temps de se remettre, et puis on le somme de tenir sa parole : il regarde la personne en face; et, après avoir hésité quelques minutes : Non, est le seul compliment qu'il veuille prononcer. On recommence à le fouetter; on en obtient la même promesse et on discontinue; moi, qui n'étais pas aussi entêtée que lui, et à qui ce spectacle déchirait le cœur, je le prie, je l'exhorte, j'emploie toute ma petite éloquence pour l'engager à dire bonjour à ce Monsieur : au moins ne va pas faire comme tout à l'heure, lui disais-je en le voyant hésiter, car on te fouettera encore. Je ne le dirai pas, est la seule phrase avec laquelle il confond ma dialectique. Mais tu vois bien, lui répétais-je en pleurant, qu'on te fouettera toujours. C'est égal, je ne le dirai pas. On lui fait les menaces les plus fortes, on met tout en usage pour l'effrayer, il persiste; on reprend les verges pour la troisième fois, on les rougit de son sang sans qu'il cède; et, comme enfin le bonjour ne vaut pas sa vie, on est obligé de cesser de le fouetter sans obtenir qu'il le dise... Heureusement que tous les enfans n'ont pas un caractère de cette trempe; mais quand ils l'ont, il faut renoncer à les contraindre. La contrainte n'est bonne avec aucun ; mais elle perd entièrement ceux qui ressemblent à mon frère. C'est aujourd'hui un homme très-bon et très-raisonnable : tu le connais assez pour pouvoir l'apprécier. Son courage et sa constance ont été mis à l'épreuve de plus d'une manière ; mais il ne s'est jamais fait distinguer par la souplesse du caractère. Pourtant il se laisse assez facilement persuader certaines choses ; sur les autres, il examine, réfléchit, et prend lentement sa détermination : aussi, quand elle est prise, on peut encore le fouetter, de quelque nature que soient les verges, elles ne le feront trahir ni son secret ni sa conscience. Les enfans sont plus ou moins entêtés, plus ou moins obéissans, il faut les connaître, et prendre garde de n'en exiger que ce qu'on peut obtenir ; car il ne faut pour rien au monde qu'ils s'imaginent pouvoir faire céder : il suffit qu'ils le fassent une fois pour qu'ils songent à l'exiger souvent, et ce qui arriva à mes parens vis-à-vis de mon frère, est, en éducation, une des plus mauvaises choses possibles. J'ai fait aussi avec Théonice, relativement au bonjour, une expérience qui, bien que fort différente de celle dont mon frère peut fournir le modèle, prouve pourtant encore que, de quelque manière qu'on l'emploie, la force est un très-mauvais moyen pour faire agir les enfans, parce qu'au lieu de leur persuader par elle qu'ils ont tort, on leur prouve seulement qu'on est injuste. La réponse qu'un petit garçon, fort jeune, fit à son père, et que l'on me raconta il y a une douzaine d'années, renferme parfaitement l'expression du sentiment que produit l'action de la force sur les esprits peu flexibles. Si vous ne vous conformez pas à ce que j'exige, lui disait le père, *j'aurai pour vous un bras de fer ; et moi un cœur de bronze*, répondit à l'instant le petit garçon, qui était déjà grand lorsque je le vis, et que l'on me raconta ce fait. Voilà l'effet de la force : quand elle n'anéantit pas, elle endurcit ; mais du reste elle ne change ni ne persuade jamais personne. La réponse de cet enfant, qui doit être maintenant un avocat de Paris, m'en rappelle une de ma Julie, qui porte une expression bien différente. Elle avait alors trois ou quatre ans ; je la grondais pour une sottise qu'elle avait faite, et dont je n'ai pas gardé le souvenir, et je terminai mon discours par ces mots : *je ne vous aime plus.* Alors cette chère petite, qui jusque-là m'avait écoutée tristement sans rien dire, se mit à fondre en larmes, et me dit en sanglottant : Eh bien ! moi je t'aime beaucoup, et je t'aimerai toujours. Quelle est la faute qu'une pareille réponse n'aurait pas fait pardonner ?... Je la pris dans mes bras ; et il n'y a qu'une mère qui puisse apprécier la douceur du sentiment que j'éprouvais en l'embrassant, et en la pressant sur mon sein.

Tu sais que Théonice a été extrêmement précoce pour parler : à quatorze ou quinze mois elle disait un grand nombre de mots fort distinctement, ce qui, joint à l'expression de sa physionomie et à la vivacité de ses gestes, lui donnait le moyen de faire des espèces de conversations que je trouvais fort intéressantes. Je t'avoue que rien ne me paraissait joli comme de la voir quitter de téter pour me témoigner, par ses caresses, et de petites expressions toutes particulières, le plaisir qu'elle éprouvait. Elle avait pris d'elle-même, et par imitation, l'habitude de dire bonjour à toutes les personnes qui venaient; il n'y avait pas jusqu'au porteur d'eau et au boulanger à qui elle ne fît cette politesse, lorsqu'elle se trouvait dans la cuisine à leur arrivée. Une fois que madame S...... vint me voir, je ne me rappelle pas exactement le nombre de mois qu'avait alors Théonice, mais je l'ai sevrée à dix-sept, et je n'y songeais pas encore, je voulus lui faire voir comme elle prononçait nettement bonjour madame; mais, par un de ces caprices très-ordinaires chez les petits enfans, elle ne voulut pas le lui dire; je fis et elle fit, de son côté, tout ce qu'elle put pour l'y engager; elle lui offrit du bonbon, lui montra celui qu'elle avait dans son sac, lui en promit encore d'autres : tout cela fut inutile. Comme j'avais commencé, je ne voulus pas céder : je l'assurai que si elle ne le disait pas, je la mettrais en pénitence. Elle regardait cette bonne dame de côté, et se cachait ensuite la tête dans mon jupon, sans vouloir articuler un seul mot; alors je la renfermai toute seule dans une pièce voisine, et je l'assurai que, quand elle voudrait dire bonjour, elle reviendrait près de moi. Elle s'ennuyait, et me priait de lui ouvrir la porte. Mais quand je lui demandais : Veux-tu dire bonjour ? elle rentrait dans la chambre. Au bout d'un certain temps, elle appela sa sœur. Julie entr'ouvrit la porte, et lui demanda : Vas-tu dire bonjour ? Alors la petite maligne, passant sa tête, et regardant du côté où était madame S....., dit à sa sœur, d'un petit air de confidence : Elle va s'en aller; après *Nice*, c'est ainsi qu'elle prononçait son nom, dira à maman : Nice sage. Cela signifiait, cette dame partira bientôt, et alors je demanderai pardon à maman. Vois un peu quel calcul, quel entêtement, et quelle finesse pour un enfant à la mamelle. Elle ne voulait pas dire bonjour : c'était une détermination prise ; et comme je l'avais prévenue qu'elle resterait en pénitence tant qu'elle ne le dirait pas, elle avait calculé qu'une visite ne durait pas éternellement, qu'une fois la dame partie, je ne pourrais plus exiger qu'elle lui dise ce bonjour, et qu'elle ne risquerait rien alors à me demander pardon, comme elle le fit en effet. Elle appelait souvent son frère ou sa sœur, et puis elle leur demandait: Est-elle encore là? Et quand ils lui eurent dit que non, elle m'appela à mon tour, et m'assura qu'elle ne le ferait plus. Quelques promesses que j'en eusse exigées pour l'avenir, je suis bien sûre qu'elle me les aurait faites dans ce moment; mais je ne commis pas la faute de la faire mentir, parce qu'elle venait de me faire faire des observations sur son caractère qui devaient m'engager à réfléchir sérieusement sur la nature des leçons que je jugerais convenables de lui donner. Je ne lui parlai que de sa désobéissance actuelle; je lui dis qu'il était fort mal de n'avoir pas voulu montrer à cette dame qu'elle savait dire bonjour, puisque je l'en priais, et qu'un enfant qui était sage faisait toujours ce que sa maman voulait; que si elle ne prenait pas l'habitude de faire ce que je lui dirais, moi, je ne lui donnerais pas ce qu'elle me demanderait. Je ne tardai pas à lui faire comprendre parfaitement cette dernière phrase. Dès que l'heure où elle tétait fut arrivée, elle vint avec son empressement ordinaire. Je ne témoignai rien de mon projet ; je la pris sur mes genoux, et je commençai à découvrir mon sein ; mais au moment où elle allait le prendre, je le cachai tout à coup. Tu n'as pas voulu dire bonjour à madame S...... quand je te l'ai demandé ; moi, maintenant, je ne veux pas te donner à téter... Tu juges de son chagrin, de ses larmes, et de la ferveur avec laquelle elle me dit qu'elle serait sage ; elle sentit si bien ma leçon, qu'elle conserva, tout le temps qu'elle continua encore à téter, l'habitude de me répéter, lorsqu'elle en avait envie, *maman, donne à téter à Nice, Nice sage ;* et quand quelque chose m'empêchait de la satisfaire tout de suite, elle répétait en pleurant : *Nice sage, Nice sage.*

Il y a tant d'inconvénient et de danger à vouloir contraindre les enfans qui ont un certain caractère, que, pour avoir voulu cette seule fois faire dire à Théonice bonjour contre son gré, elle prit ce mot en aversion, et fut très-long-temps sans vouloir le prononcer. Quand elle voulait faire des civilités à quelqu'un qui lui plaisait, elle disait : *Adieu*. Tandis que Julie était à sa leçon de dessin, elle demandait souvent à voir le maître, et venait même quelquefois frapper à la porte toute seule. Elle n'oubliait jamais en entrant de lui dire bonjour, Monsieur. Après cette aventure, elle ne voulut plus en rien faire, et il n'y eut aucun moyen qui pût l'y engager. J'étais bien sûre qu'elle mettait de l'intention à ne plus savoir dire ce mot, car, lorsquelle venait pendant la leçon, et que le maître lui disait bonjour, Mademoiselle, tout de suite elle se retournait, et sortait de la chambre sans répondre. Aussi je pris le parti de ne plus lui en parler. Elle oublia par ce moyen l'aversion qu'elle avait conçue, et peu à peu recommença à dire bonjour aux personnes qui lui convenaient. Ce n'était qu'un petit mouvement de vanité maternelle qui m'avait poussé à vouloir lui faire dire bonjour à madame S...... Je voulais montrer à cette bonne amie, qui avait partagé avec tant d'affection toutes les sollicitudes que les premières années de Dioclès m'ont données, et qui, à cause de cela, avait un petit faible pour lui, que sa petite sœur ne lui cédait en rien, ce qui, au reste, lui fut parfaitement prouvé sous le rapport de l'entêtement. Mais je n'avais pas du tout envie de donner une leçon de politesse à ma fille, car cette science ne peut pas s'apprendre aux petits enfans; et je ne crois pas qu'il soit bon en aucune manière de les forcer à dire ce qu'ils ne pensent pas. Ils sont naturellement caressans et flatteurs; et lorsqu'ils ressentent de l'affection, ils savent bien trouver tout seuls les mots pour l'exprimer.

Je t'ai expliqué, ma chère Victorine, du mieux qu'il m'a été possible, de quelle manière on peut accoutumer les enfans à devenir polis, et sous quel rapport seulement on doit leur apprendre à l'être. Je t'ai fait voir aussi que la contrainte, qui était souvent fort difficile, n'était jamais bonne. Mais s'il ne faut jamais les forcer à exercer la politesse, avant d'être en âge de juger et de comprendre ce qu'elle est, il faut les empêcher avec beaucoup de soin d'être malhonnêtes et grossiers. Cela s'apprend comme le reste ; et même, par une disposition malheureuse de la nature humaine, on dirait que ce qui est mal s'apprend toujours plus facilement que ce qui est bien : aussi est-il en éducation peut-être encore plus important d'empêcher les mauvaises habitudes de se prendre que de chercher à en faire naître d'étrangères à l'individu. C'est d'après cette idée, que je n'ai jamais souffert que l'on fasse prononcer à mes enfans, même en plaisantant, des mots grossiers. Lorsqu'ils en entendaient dire malgré moi, je leur défendais de s'en servir ; et je les aurais punis très-sévèrement s'ils en avaient adressé à quelque personne que ce soit. Cela s'accorde parfaitement avec les idées que je t'ai déjà exprimées sur le mensonge. Il ne faut jamais dire ce qu'on ne pense pas ; mais il faut très-souvent taire ce qu'on pense. On ne doit pas forcer un enfant à dire ou à faire des amitiés à une personne qui ne lui en inspire pas ; mais si elle lui inspire du dégoût ou de la répugnance, et que rien ne l'oblige à nifester sa pensée, il faut qu'il sache la taire. On ne doit pas témoigner aux personnes qui déplaisent qu'on les aime, et qu'on les trouve charmantes; mais on ne doit pas leur dire non plus qu'elles sont bêtes, qu'elles sont laides ou qu'elles ennuient, parce qu'au lieu d'être de la franchise ce serait de la grossierté. La véritable politesse des enfans, la seule qui leur convienne, c'est qu'ils ne soient jamais ni impertinens ni grossiers. Si on peut avec cela les accoutumer à un peu de complaisance, on est sûr de leur faire acquérir avec le temps autant de politesse qu'il en faut pour être aimables. Rien ne contribue autant à l'amabilité que la complaisance et la politesse. L'esprit le plus médiocre, les facultés les plus bornées, n'empêchèrent jamais une personne de plaire dans la société, si elle possède éminemment ces deux qualités. C'est avec leurs figures que la flatterie s'insinue partout, et c'est parce qu'elles réussissent généralement, que les flatteurs trouvent toujours des ressources pour séduire et des dupes pour les croire.

LIVRE V.

Les sentimens que ta dernière lettre m'expriment, chère amie, et le besoin que tu me dis avoir de mes observations, seraient de puissans motifs pour m'exciter à travailler, si ma lenteur était un effet de ma paresse ou de mon indifférence ; mais j'éprouve tant de difficultés à écrire, mes pensées me coûtent tant à exprimer dans la situation où je suis, que je ne puis avancer qu'avec une peine extrême. Tu ne peux pas t'imaginer, bonne amie, tous les efforts de volonté et d'esprit qu'il faut que je fasse pour te mettre un peu au net sur le papier les idées claires et précises que je vois dans ma tête lorsqu'elle est calme. Depuis près de quatre ans que nous ne nous sommes vues, tant de choses ont changé autour de moi ! ! Tu ne peux plus te faire une idée de ma manière de vivre par celle que tu as connue. Les diverses circonstances que mes lettres t'ont fait connaître n'ont pu t'apprendre de quelle façon mon temps est employé. Je veux, pour te faire juger exactement toutes les difficultés que j'ai à vaincre, te faire le détail de la manière dont mes journées sont remplies, et je suis persuadée qu'en réfléchissant sur le nombre et la nature de mes occupations, tu excuseras facilement ma lenteur et l'imperfection de mon ouvrage. C'est aujourd'hui samedi, je vais récapituler fidèlement ce que j'ai fait cette semaine; et ma vie actuelle est d'une si grande uniformité, que tu verras dans ces huit jours à peu près toutes les variations dont elle est suceptible. Je commence par le lundi.

Tu sais que je n'ai jamais été matinale; mais depuis qu'il fait beau temps, et que je suis un peu remise de tout ce que j'ai enduré cet hiver, j'ai pris sur moi de me lever plus tôt qu'à mon ordinaire pour avoir le temps de faire avant déjeuner ce que je faisais après, et pouvoir écrire quelquefois dans la journée. Théonice couche dans le même lit et de la même manière que tu as vu Dioclès. Comme lui, dès qu'elle est éveillée, elle grimpe sur le mien, et vient se mettre à côté de moi. Quand il est bien matin, elle s'y rendort et fait un petit somme dans mes bras ; autrement elle joue, fait des cabrioles, dit, que je suis sa petite fille, qu'elle est ma petite maman, et qu'elle va m'habiller. Elle arrange, elle défait mon bonnet, ma camisole de nuit, me tourmente souvent pendant plus d'une heure, que j'ai la faiblesse de perdre ainsi tous les matins, et que je regarde toujours comme une des plus agréables de ma journée. Il est aux environs de huit heures, Julie et Dioclès viennent me dire bonjour ; ensuite je me lève, j'habille Théonice, et je vais tout de suite examiner l'ouvrage que mes deux aînés ont fait la veille et depuis qu'ils sont levés. Après je vais à la cuisine, je donne la soupe à Théonice, qui la mange dans le jardin quand il fait beau, autrement dans ma chambre. Pendant ce temps-là, le maître vient : tu sais que j'en ai deux, de dessin et d'écriture; il en vient un tous les jours. Lorsqu'il arrive, je prends l'ouvrage contre lequel tu m'as si souvent entendu exprimer mon ennui, et que je suis obligée de faire encore plus souvent qu'autrefois; je raccommode des bas. Mes trois enfans en usent tant, que si vite que je me dépêche j'en ai toujours d'avance. Après la leçon terminée, je remets l'ouvrage dans mon petit panier (c'est toujours le même qui dure, celui que tu as souvent transporté pour moi quand nous étions ensemble), et je vais faire le café; car les domestiques s'en acquittent ordinairement si mal, qu'il faut que je ne puisse pas absolument pour leur en laisser le soin. La bonne va avertir mon mari quand tout est prêt, et nous déjeunons ensemble. Pendant notre déjeuner, les enfans font ce qu'ils appellent leur goûter, c'est-à-dire, qu'ils déjeunent une seconde fois. Ensuite Julie prend une leçon d'anglais ou une leçon de musique, lundi je lui ai donné sa leçon de piano, et tout de suite, sans me donner le temps de lire le journal, parce que je devais aller faire quelques emplettes avant dîner.

La leçon terminée, je suis montée avec mes trois enfans dans ma chambre, pour surveiller la toilette des deux aînés, faire celle de Théonice et la mienne. Je suis sortie à trois heures; Julie me pressait beaucoup de partir : je devais lui acheter une robe; et tu conçois qu'il lui tardait de me voir de retour. Je suis rentrée à près de cinq heures. M. Dolivet avait déjà demandé le dîner : nous nous sommes mis à table tout de suite. Ce repas nous tient ordinairement une heure. Dès qu'il a été terminé, mes enfans m'ont suivie dans ma chambre, pour voir ce que je leur avais acheté. Nous avons passé quelque temps à examiner, à consulter comment je ferais la robe à Julie et le petit habit à Dioclès. La chose décidée, ils sont allés jouer dans le jardin, et je me suis mise de suite à tailler l'une et l'autre. La nuit est arrivée avant que j'aie terminé; j'ai fait remonter mes enfans, je les ai fait souper, j'ai couché Théonice, ensuite les deux autres; il était près de dix heures : la bonne est venue compter, je lui ai expliqué ce qu'elle devait faire pour mardi; elle s'en est allée, et je me suis trouvée libre. J'ai examiné si j'écrirais un peu, mais Julie aviat besoin de sa robe, Dioclès de son pantalon; je devais y faire travailler le lendemain, rien n'était fini de préparer, et je jugeai qu'il valait mieux terminer tandis que j'y étais, que d'être obligée de recommencer mardi : j'ai donc continué de bâtir et d'apprêter le tout pour qu'il n'y ait plus qu'à coudre, et cet ouvrage m'a conduit jusqu'à minuit; je me suis couchée. Mardi matin, exactement la même occupation jusqu'au déjeuner; après, Julie a pris sa leçon d'anglais; pendant ce temps-là j'ai lu le journal; ensuite j'ai vu sur le piano un livre de vieux airs que j'aime beaucoup, je me suis mise à les chanter; de l'un à l'autre le temps s'est passé : il était près de deux heures quand je suis montée pour habiller mes enfans. Comme l'intervalle qui sépare le déjeuner du temps où ils font leur toilette est pour eux un temps de récréation, ils ne songent point du tout à me dire qu'il est tard. Je m'étais oubliée : temps perdu ne se retrouve jamais. J'eus beau faire, si vite que je me dépêchasse, avant que Théonice ait été peignée, lavée, habillée, ainsi que moi, que j'aie fait tout mes arrangemens ordinaires, il a été trois heures et demie; il me restait une heure et demie jusqu'au dîner. J'ai voulu l'employer pour toi; j'ai pris mon cahier, j'ai relu quelques pages pour me rappeler ce que je voulais dire et pouvoir suivre le fil de mes idées, j'ai commencé à écrire, mais à peine j'avais fait quelques lignes, que Dioclès, qui s'est trouvé embarrassé pour comprendre la leçon qu'il étudiait, est venu me consulter; je lui ai expliqué ce qu'il me demandait, et il s'en est retourné : Julie, qui avait aussi quelque chose à éclaircir, a profité de ce que j'étais dérangée; elle est arrivée à son tour; sa petite sœur l'a suivie, et n'a plus voulu me quitter; elle m'a assuré qu'elle serait bien raisonnable, qu'elle ne ferait pas de bruit : l'heure du dîner approchait, je n'ai pas eu le courage de lui faire du chagrin pour si peu de temps; j'ai serré mon cahier, et je me suis mise à coudre une petite pélerine pour elle, puisqu'il n'y avait pas moyen de coudre des phrases pour toi. Après dîner, Dioclès m'a conduite au jardin pour me faire voir plusieurs petites fleurs qu'il avait observées, et me faire diverses questions relatives à quelques leçons de botanique que je leur ai données aux premiers jours du printemps. Je les avais principalement adressées à Julie, parce que, comme tu sais que j'ai commencé de lui apprendre à faire des fleurs artificielles, j'aurais été bien aise de faire marcher ces deux choses ensemble; mais comme elle a moins de loisir, elle y a pris moins de goût que son frère, à qui elles ont en conséquence profité davantage; du moins, relativement à la différence de leur âge, elles l'ont beaucoup intéressé, et depuis ce moment, lorsqu'il va se promener où il y a des fleurs, il herborise toujours : c'est devenu son occupation favorite. Dans les bordures de gazon qui entourent les plates-bandes de notre jardinet, dans les mauvaises herbes dont elles sont remplies, et jusque dans les moisissures du vieux mur qui avoisine le puits, il cherche à découvrir les différentes formes de ces petites fleurs, ou leurs différens sexes. Cet amusement en vaut bien un autre. Je suis remontée à sept heures : la bonne est venue me demander du linge de cuisine ; cela m'a fait souvenir que le blanchisseur n'était pas venu, et que le linge qui devait être préparé la veille ne l'avait pas été : ma sortie et mes achats étaient cause que je l'avais oublié. J'ai appelé Julie, et à nous deux nous avons fait pour mercredi, ce qui aurait dû l'être pour mardi, si le blanchisseur n'eût pas retardé d'un jour. Les allées et les venues que l'on est obligé de faire pour rassembler le linge qui se trouve à différentes places, le temps de le trier, de le compter, de l'écrire, tout cela nous a conduit jusqu'à l'heure du souper de Théonice. Après que mes enfans ont été couchés, j'ai, comme à l'ordinaire, compté avec la bonne ; c'est une chose que je fais tous les soirs, parce que je suis obligée de rendre des comptes si détaillés et si exacts de mes dépenses de ménage, qu'autrement j'aurais trop de difficultés. Il était dix heures et demie ; mon mari, qui s'impatientait d'avoir sa tisane, a sonné la bonne avant qu'elle fût descendue ; elle s'est dépêchée bien vite d'aller le trouver. J'étais libre, et physiquement tranquille, je me suis mise à écrire; mais il était déjà si tard, j'avais la tête si embarrassée d'une foule de choses pénibles, que, malgré tous mes efforts, je n'ai presque rien pu faire.

Pour que tu puisses me suivre facilement dans les détails de ma journée, il faut que je te fasse connaître l'intérieur de la petite maison que nous habitons. Tu sais que le devant a vue sur le boulevard du Mont-Parnasse, et le derrière sur des jardins potagers, qui donnent dans la rue de Vaugirard; ce qui en fait pour Paris une espèce de petit ermitage. Cette maisonnette se compose en tout de neuf pièces : mon mari occupe le rez-de-chaussée, et moi et mes enfans le premier. En entrant par une petite porte batarde, au-devant de laquelle est une espèce de petit parterre, environné d'un grillage en bois, on trouve à droite l'appartement de M. Dolivet; à gauche est une petite salle à manger, dans laquelle est placé le piano, pour qu'il soit à la portée de tout le monde. Les enfans se tiennent dans cette pièce pour travailler pendant l'hiver, parce qu'elle est plus chaude que la chambre de Dioclès, qui est aussi celle d'étude de l'été. Le boulevard du Mont-Parnasse est très élevé, de manière que le rez-de-chaussée de la maison, qui est de niveau avec lui, se trouve au premier sur le jardin; et la cuisine, qui est de niveau avec le jardin, l'est aussi de la cave; par conséquent, la maison qui a seulement deux étages du côté du boulevard, en a trois du côté du jardin. Cette distribution rend les détails du ménage beaucoup plus fatigans, et leur fait prendre beaucoup plus de temps que dans un appartement de plein-pied, où tout est sous la main. Il faut que je monte et que je descende deux étages à chaque fois que je vais à la cuisine ou au jardin, et un pour aller dans la salle à manger. Tous ces petits inconvéniens me sont très-sensibles depuis que je n'ai plus de femme de chambre; mais ils sont plus que compensés par l'avantage d'être entièrement chez soi, d'être en très-bon air, d'avoir un petit jardin, et tout cela, pour un prix beaucoup moindre que celui d'un médiocre appartement dans le centre de Paris. Il est vrai que le jardin est presqu'un jardin pour rire, car il n'est guère plus grand qu'une grande chambre; mais comme il est entretenu par Julie et Dioclès, il y a encore assez d'espace pour leur donner de l'ouvrage, et leur faire faire de l'exercice. D'ailleurs, outre les soins d'arroser, Julie en a encore beaucoup d'autres, que je lui ai permis de prendre pour son amusement, et dans lesquels Dioclès est toujours de moitié. Elle a des oiseaux, des pigeons et des lapins, dans un pigeonnier qui est au bout du jardin; ses lapins sont blancs; elle les a privés, et ils fraternisent avec les pigeons d'une manière toute particulière. Théonice aime aussi beaucoup ces lapins, et ils la paient de retour; elle va quelquefois s'enfermer avec eux pour faire la conversation, et rien n'est plus plaisant que les discours qu'elle leur tient. Quand quelqu'un ouvre la porte, les lapins se fourrent tout de suite dans leur terrier, mais quand c'est Théonice ils restent, se laissent tripoter, prendre par les oreilles, et mangent dans sa main sans la moindre crainte. On dirait, en vérité, qu'ils comprennent les douceurs qu'elle leur dit.

Tu pourras maintenant, ma chère amie, me suivre dans la maison, et voir ce que je fais quand je dis que je suis descendue ou que j'ai monté. Mon appartement particulier se compose de trois pièces, une chambre à coucher, un petit salon, une chambre où couche Dioclès, qui sert de classe, et un cabinet, qui fait une petite chambre pour Julie. Mercredi, je me suis levée à mon heure ordinaire, et j'ai fait exactement les mêmes choses que les jours précédens : mes occupations du matin ne varient jamais ; la seule différence qui peut se rencontrer n'est que dans celle du temps, qui me permet de m'étendre davantage ou me force à me presser. Je peux me lever un peu plus matin ou un peu plus tard, le maître peut venir aussi à une heure un peu différente, mais je fais toujours les mêmes choses. Mercredi, après déjeuner, j'ai donné la leçon à Julie, et puis je suis montée pour habiller Théonice, et serrer le linge blanc que le blanchisseur avait apporté. Je me suis dépêchée, parce que j'avais un chapeau à me faire, dont j'avais acheté l'étoffe lundi. Je l'ai commencé sitôt après que j'ai eu fait ma toilette; j'y ai travaillé jusqu'au dîner. Après dîner, Julie m'a beaucoup pressé de jouer une partie de volant avec elle; j'y ai consenti. Vers les sept heures, je suis remontée travailler à mon chapeau jusqu'à la nuit, ensuite j'ai couché mes enfans; j'ai compté avec la bonne, et dix heure ont sonné. J'aurais pu écrire jusqu'à minuit; mais j'avais plusieurs comptes de ménage à faire, une lettre à écrire : cela a pris toute ma soirée. Jeudi matin, même occupation. Le maître de dessin vient ce jour là de midi à midi et demi, à l'issue du déjeuner; pendant sa leçon, j'ai fini mon chapeau. Nous sommes montés à deux heures. Le jeudi, mes enfans vont promener; je sors ordinairement avec eux, et, à cause de cela, je fais entièrement la toilette de Julie et de Dioclès, d'abord, pour qu'elle soit mieux soignée, et ensuite pour m'assurer si tout ce qui concerne la propreté a été fait exactement les jours où je leur en laisse le soin.

La bonne savonne le vendredi ; il faut lui donner le linge qu'elle doit blanchir ; il faut apprêter tout ce qui est nécessaire pour la parure de mes trois enfans et la mienne. Tu sais bien qu'il y a toujours quelque chose à faire : c'est une robe à garnir, une collerette à monter ; enfin je ne peux jamais avoir fini ce jour là avant l'heure du dîner. Après, lorsque la bonne a été prête, nous sommes allés au Luxembourg. Tu sauras que j'ai entrepris d'agrandir, avec une guirlande de perles, ces petits bonnets de tricot dont je t'ai parlé, parce que Théonice ne peut plus les mettre. Je lui en ai déjà agrandi deux qui font un effet superbe. Rien n'est plus commode à transporter que le tricot : c'est pourquoi j'ai destiné cet ouvrage pour le Luxembourg, où je ne pourrais pas décemment porter des raccommodages. J'ai travaillé environ une heure à mon bonnet, tandis que les enfans jouaient avec la bonne ; ensuite nous nous sommes promenés un peu, et nous sommes rentrés à neuf heures. Il était un peu plus tard que d'ordinaire quand les enfans se sont couchés, et plus de dix heures et demie quand j'ai eu fini de compter avec la bonne. Ce n'était pas la peine de commencer à écrire, d'autant plus que j'avais toutes les toilettes à serrer et à mettre en ordre ; que si j'avais laissé cet arrangement pour le matin, il m'aurait retardé dans ma journée du lendemain. J'ai donc terminé de suite ; et, lorsque tout a été remis en place, je me suis couchée. Il était onze heures et demie. Vendredi, même occupation jusqu'au déjeuner ; après j'ai donné la leçon à Julie, j'ai lavé et habillé Théonice, je me suis peignée et arrangée moi-même : il n'était guère plus de deux heures quand j'ai eu fini ; je croyais écrire jusqu'au dîner, mais point du tout. La bonne que j'ai maintenant est fort bête ; elle s'était donnée pour savoir faire la cuisine, et ne la sait aucunement ; de manière que toutes les fois que je lui fais faire un plat que je ne lui ai pas montré au moins quatre ou cinq fois, elle le gâte complètement. En descendant au jardin, pour voir ce que Théonice y faisait toute seule, je suis entrée dans la cuisine, et je me suis aperçue que la misérable cuisinière n'avait rien compris à ce que je lui avais dit, qu'elle s'y prenait tout de travers, et que nous ne pourrions pas dîner si je la laissais continuer. J'ai donc été obligée de faire moi-même, pour lui montrer ce que mes discours n'avaient pu lui apprendre. Tu sais que la cuisine n'est point du tout un séjour qui me plaise : le charbon me fait mal; rester sur mes jambes me fatigue extrêmement ; mes mains, qui sont fort délicates, se brûlent et se blessent pour rien; enfin, c'est, de tous les détails du ménage, celui qui me peine le plus. Pourtant, comme il faut tâcher de bien faire tout ce qu'on fait, je suis devenue, depuis que je suis forcée de m'en occuper souvent, assez habile pour pouvoir en remontrer sous certain rapport même à quelques bonnes cuisinières. Malgré cela, je t'avoue que ce n'est jamais avec plaisir que je fais preuve de talent dans cette partie. J'y ai gagné vendredi un mal de tête qui, augmenté encore par quelques autres circonstances, m'a mise dans l'impossibilité absolue d'écrire après dîner. Lorsque mes enfans ont été couchés, j'ai vu que j'avais de la fièvre, j'ai pris un bain de pieds, une tasse de tilleul, et je me suis mise au lit. Samedi matin j'étais très-fatiguée et fort mal à mon aise; j'ai eu beaucoup de peine à me lever et à faire mon ouvrage accoutumé; pourtant j'en suis venue à bout. Après déjeuner j'ai été dans le jardin avec mes enfans pour me distraire; il faisait fort beau temps, cela m'a remis; je suis montée les habiller. Vers les deux heures, mon frère est venu me voir; il est resté avec moi jusqu'à l'heure du dîner. Comme j'allais me mettre à table, j'ai reçu ta dernière lettre, qui m'a préoccupée tout le temps qu'a duré ce repas; lorsqu'il a été terminé, je suis allée un peu avec mes enfans voir le monde passer, parce qu'ils prennent souvent leur récréation du soir dans le petit carré qui est devant la maison. Après cela je suis montée, j'ai relu ta lettre, ensuite la fin de mon cahier; ce que j'avais fait les dernières fois m'a semblé mal écrit, mes idées m'ont paru mal exprimées, j'ai tout barbouillé et j'ai eu bien de la peine à les rendre assez claires pour me contenter.

Lorsque mes enfans ont été couchés, j'ai commencé à te faire ces détails, poussée par le mécontentement que m'avait causé mon dernier travail, et les réflexions que ta lettre m'avait fait faire; et c'est seulement aujourd'hui mercredi que j'ai pu les finir. Il me semble, ma chère Victorine, que toutes ces occupations, qui ne sont jamais moindres, et peuvent être augmentées par une foule de petits incidens, seraient bien suffisantes pour remplir mon temps et distraire mon esprit. Les soins du ménage, l'éducation de mes enfans et le travail manuel que leur entretien et le mien demande, puisque je ne fais absolument rien faire hors de la maison, pourraient bien me servir d'excuse et me faire obtenir l'indulgence que je sollicite. Pourtant, tu sais très-bien que ce n'est là que la plus petite partie des choses qui m'ôtent la liberté d'esprit nécessaire pour écrire, et que je pourrais, après t'avoir tracé le tableau de ma vie domestique, si tu n'étais pas initiée dans tous les secrets de mon cœur, te dire comme Eriphile dans la tragédie d'Iphigénie, après qu'elle a fait le détail des peines qu'elle endure :

> Et dont mes pleurs encor vous taisent la moitié.

Maintenant, ma chère amie, que tu pourras apprécier d'une manière certaine la nature de toutes mes excuses, je vais continuer avec plus de sécurité, mais non, je t'assure, avec moins de zèle.

Après le mensonge, un des défauts les plus ordinaires aux enfans, c'est la gourmandise. Celui-là, ma chère Victorine, n'a pas d'aussi grands dangers que l'autre pour le moral, mais il en a beaucoup pour la santé; et comme le physique et le moral ont des points de contact qui les font influer l'un sur l'autre, il est important de songer à les mettre en harmonie le plus possible. Une bonne santé est une chose si précieuse, qu'on ne doit rien négliger pour la procurer à ses enfans; et c'est, dans les premières années, que les facultés du corps, comme celles de l'âme, peuvent être influencées en bien et en mal avec le plus de facilité. On peut à tout âge épuiser son tempérament et détruire sa santé : l'intempérance et les excès de toutes espèces auquel l'homme est toujours libre de se livrer peuvent le conduire au tombeau bien avant l'époque fixée par la nature ; mais ce n'est que dans l'enfance et la première jeunesse que la vie chancelante et fugitive au moment de la naissance, reconnaît, pour ainsi dire, son domaine, en trace les limites et en fixe la durée. C'est l'issue des trois crises auxquelles l'enfant est assujéti qui détermine la longueur du sentier qu'elle doit parcourir, et la nature des obstacles qu'elle aura à vaincre pour arriver à son terme. Ces crises font sur le corps et la vie des enfans le même effet que la trempe sur le fer ; elles développent et peuvent changer sa nature, sa couleur et ses propriétés : ce métal, si informe dans la mine, devient admirable par les soins et le travail d'un habile ouvrier. Un enfant qui vient au monde, faible et languissant, peut être si bien retrempé par elles, qu'il peut surpasser en force et en vigueur ceux qui paraissaient beaucoup plus robustes que lui, et vivre encore plus long-temps. Tandis qu'au contraire, si l'éducation physique est mal dirigée, si la nature est tourmentée, contrainte ou gênée dans ces momens décisifs, la santé devient mauvaise et reste chancelante toute la vie. Quelles que soient les facultés de l'âme, quand la maladie et la douleur lui montrent sans cesse la mort à ses côtés, il est bien difficile qu'elle prenne un grand essor, et plus difficile encore qu'elle atteigne le bonheur. Ce sont ces considérations qui rendent la gourmandise un défaut capital chez les enfans, parce que ses suites sont souvent à craindre pour leur santé. Celui qui est très-gourmand mange trop, mange des choses qui lui sont contraires, et souvent il le cache avec soin. Il devient malade; on se trompe sur la cause de son mal, on s'inquiète, le médecin vient, il remédie à un mal par un autre; et quand cela se répète, le tempérament s'affaiblit, la santé se détériore, la vie chancelle, et bientôt une crise emporte l'enfant; ou, s'il résiste, c'est pour traîner languissamment une existence pénible et douloureuse.

Pour me faire bien comprendre, il faut, ma chère Victorine, que je m'explique sur la nature de ce défaut avant de parler de ses différens effets. La gourmandise, comme le mensonge, a aussi chez les enfans plusieurs degrés, plusieurs formes et plusieurs causes; et ce n'est chez eux, comme chez les grandes personnes, un défaut remarquable que par la manière dont ils s'y livrent. Il y a plusieurs noms pour exprimer les différens degrés de l'amour du manger. On distingue la gloutonnerie de la gourmandise et de la friandise; mais, sans entrer dans les modifications que l'on entend par ces mots, je t'expliquerai seulement que la gourmandise a chez les enfans un principe naturel et tout-à-fait innocent qui dépend de leur conformation intérieure, tandis que d'autres fois elle n'a pour cause que certaines dispositions morales qui sont presque toujours le résultat d'une mauvaise éducation. C'est alors beaucoup plus le désir de tromper que celui de manger qui les excite à prendre ce qu'on ne leur donne pas ou ce qu'on leur refuse. Lorsque les enfans se trouvent organisés de façon à avoir un grand appétit, il est tout simple qu'ils aient du plaisir à le satisfaire; et, lorsqu'ils sont bien élevés, cela ne signifie absolument rien, parce que le besoin de manger un peu plus que d'autres ne les entraînera jamais à rien de mal. Tu conçois bien, ma chère amie, que s'ils sont obéissans, ils ne mangeront jamais ce qu'on leur aura défendu, et que, s'ils ne sont pas menteur, ils ne cacheront pas l'excès ou la désobéissance qu'ils auront pu commettre dans un moment de faiblesse ou d'irréflexion; par conséquent, leur santé comme leur caractère est à l'abri de tous les dangers qu'entraîne ce défaut; mais s'ils ne savent pas résister à la tentation de voler ce qu'on ne veut pas leur donner; si le fruit défendu toujours est celui qui leur paraît le meilleur, la gourmandise peut alors leur être funeste au moral comme au physique, parce qu'elle peut devenir la cause excitante d'une foule d'actions répréhensibles, et un principe de corruption qui peut étendre fort loin ses influences. Je t'ai déjà parlé, à propos de l'obéissance et de la confiance qu'il faut inspirer aux enfans pour pouvoir les bien élever, des moyens que j'avais pris avec Dioclès pour comprimer le penchant qu'il témoignait pour ce défaut, et je n'ai jamais eu de reproches à lui faire à cet égard; à Julie encore moins, parce qu'elle n'avait aucun penchant : naturellement très-sobre et très-docile, je n'ai pas eu de peine à l'empêcher de contracter une habitude qui n'était pas dans sa nature. Il y a très-peu d'enfans qui aient poussé aussi loin que ma fille la docilité et la discrétion. Je l'envoyais dans une chambre éloignée, à l'âge de trois ou quatre ans, puiser à même un sac de bonbons, avec permission d'en prendre un nombre déterminé, et j'ai toujours pu me convaincre que jamais elle n'en avait pris un seul de plus que ce que je lui avais permis; il est vrai que ma conduite avec elle était de nature à produire ce résultat. Connaissant la fragilité de la nature humaine, j'ai toujours pensé que le moyen le plus sûr pour résister à la tentation, c'était de ne pas s'y exposer; et comme la fragilité augmente en raison inverse de la force, plus les enfans sont jeunes, plus il est imprudent de laisser naître leurs désirs quand on ne veut pas les satisfaire, et surtout de leur laisser la possibilité d'y succomber. J'ai toujours mis les plus grands soins à éviter cela avec les miens. Ils étaient persuadés que je leur donnerais les choses dont ils avaient envie, si elles ne pouvaient pas leur nuire, il était tout simple qu'ils préférassent me les demander que de s'exposer à les prendre, surtout ayant encore la certitude qu'il était très-difficile de me tromper, et qu'ils seraient infailliblement découverts s'ils le tentaient. Je te l'ai déjà dit, ma chère Victorine, il n'est pas dans la nature humaine de faire le mal pour lui-même : ce n'est jamais que l'intérêt particulier bien ou mal entendu qui engage à enfreindre ses devoirs ; et lorsque l'on sait faire voir à un enfant qu'il est plus avantageux pour lui de les suivre, il ne s'en écartera que très-difficilement. Il est certain que la gourmandise des enfans est souvent excitée, et quelquefois entièrement le fruit de la manière dont ils sont dirigés relativement à la nourriture. La manière de nourrir les enfans est très-importante dans leurs premières années, parce qu'elle influe beaucoup sur leur santé. Il faut donc avoir des règles fixes et constantes à cet égard, et n'être pas conduit par leur fantaisie; mais il est également mauvais et dangereux de vouloir les asservir aux nôtres. Il faut, pour agir sagement dans ce point comme dans tous les autres, éviter les excès de sévérité ou de faiblesse dans lesquels on se laisse souvent entraîner. Il y a des personnes qui sont l'esclave de leurs enfans sous ce rapport, qui consultent sans cesse leurs idées, leurs caprices, et n'ont d'autres règles que leurs volontés. D'autres, au contraire, qui les rendent martyrs de leurs préjugés, de leurs vieilles habitudes ou de leur propre goût. J'ai toujours trouvé ces deux extrêmes également mauvais, et j'ai tâché de ne donner ni dans l'un ni dans l'autre. L'arbitraire me semble constamment une mauvaise chose; mais c'est surtout à propos de la nourriture que je le trouve ridicule : pourtant, par je ne sais quelle idée singulière et à peu près générale il a produit une maxime d'éducation fort bizarre, que des gens très-sensés, qui ne sont dépourvus ni de jugement ni d'esprit, vous répètent sérieusement : C'est qu'un enfant bien élevé doit manger de tout. Quelle irréflexion !.... Comment est-il possible que les goûts ou l'étendue de l'appétit d'un individu puissent dépendre de la volonté d'un autre ? Si tu avais partagé cette idée, ma chère amie, tu aurais pensé que mes enfans étaient bien mal dirigés, car tu sais qu'ils n'ont jamais mangé que ce qu'ils ont trouvé bon, et que je ne les ai jamais forcés en aucune manière sur ce sujet; mais tu sais aussi qu'ils ne m'ont pas contrainte à faire une cuisine exprès pour eux. Quand ils aimaient les choses, je leur en donnais tant qu'il en fallait pour satisfaire leur appétit; quand ils ne les aimaient pas, je ne leur donnais rien en place. Je leur disais : Je ne te force pas; tu peux le laisser si tu veux, mais tu mangeras ton pain sec. Le pain, quand il est bon, est une excellente nourriture pour les enfans, mais elle n'est point appétissante; et quand la répugnance est assez forte pour qu'ils le préfèrent à une chose quelconque, tu peux être assurée, ma chère amie, qu'il est très-mauvais de vouloir les contraindre. La nature sait ce qui lui convient, et son instinct est souvent beaucoup plus sûr que les savantes combinaisons de l'art. Des médecins éclairés, dans des maladies dangereuses et dans des crises difficiles, consultent le goût de leur malade, et en tirent quelquefois d'heureuses inspirations. Lorsque la santé de mes enfans a été dérangée, j'ai toujours subordonné la médecine à la nature, et je m'en suis fort bien trouvée, et eux aussi. Il est d'autant plus mauvais de vouloir contraindre les enfans à manger ce qu'ils n'aiment pas, que c'est le moyen le plus sûr de faire durer leur aversion, et qu'il peut même la rendre insurmontable. Le goût est celui de tous les sens qui se blase le plus vite. Il devient très-promptement insensible aux sensations causées par les saveurs agréables lorsqu'elles se répètent souvent : c'est une chose que tout le monde sait, et qui fait le désespoir des gourmands de profession ; mais il n'en est pas de même pour les sensations désagréables ; au contraire, elles augmentent en proportion des efforts que l'on fait pour pouvoir les supporter, et la répugnance, qui d'abord était légère, finit par devenir insurmontable, si on est obligé de la vaincre plusieurs fois de suite. Si donc vous ajoutez au dégoût naturel qu'un enfant éprouve l'espèce de supplice qui doit résulter pour lui d'un effort opposé à sa volonté morale, et révoltant pour son impulsion physique, vous joignez au dégoût matériel toute l'aversion qu'inspire la contrainte, et vous l'augmentez de toutes les influences d'une imagination troublée. On ne saurait rendre physiquement raison des répugnances ou des appétits qu'on éprouve pour certaines choses plutôt que pour d'autres : ils dépendent de l'essence de l'individu. On peut bien les influencer ; mais on ne peut pas plus en changer le principe que la grandeur des yeux ou la couleur des cheveux. Je sais bien que les truffes sont un mets fort recherché par beaucoup de personnes ; moi, je ne peux pas les souffrir : d'où cela vient-il ? Je n'en sais rien, et ne m'en inquiète guère; mais si on me forçait à m'en nourrir, on me ferait certainement un grand mal. Les perdrix, les faisans, les gibiers les plus recherchés et les plus délicats, les poulardes et les chapons du Mans, me paraissent beaucoup moins bons qu'une jeune poule bouillie dans le pot, ou un poulet rôti. Un gastronome me trouvera sans doute fort sotte; mais cela ne changera pas mon goût, plus que mon opinion ne l'engagera à changer de régime : on a sa manière d'être pour la nourriture comme pour tout le reste; si l'éducation peut la modifier, elle ne peut jamais la changer entièrement; et il est bien certain que ce n'est pas par la force qu'elle peut espérer d'agir sur elle, du moins convenablement au bien-être de l'enfant. Une preuve que les sensations sapides ont des causes intérieures et indépendantes de la volonté, c'est qu'une maladie change quelquefois entièrement tous les goûts; les choses que l'on n'aimait pas du tout semblent bonnes, et celles qu'on aimait le plus font soulever le cœur. Les différentes époques, les différens âges de la vie ont des goûts différens; les différens tempéramens, les différentes organisations en ont aussi; et les personnes qui veulent forcer les enfans à trouver bon ce qui leur plaît, ou à manger de tout ce qu'elles mangent, n'agissent bien ni pour le fond ni pour la forme. Pour le fond, il est presque sûr qu'elles nuiraient à la santé de leurs enfans en réussissant à les contraindre. Pour la forme, elles font précisément le contraire de ce qu'elles veulent; elles augmentent l'aversion, et la font durer beaucoup plus long-temps qu'elle n'aurait pu faire par les souvenirs fâcheux qu'elles attachent à l'objet réprouvé, et qui le gravent dans l'imagination avec des couleurs encore beaucoup plus désagréables que les sensations qu'il a fait éprouver, tandis qu'abandonné à ses propres effets, il n'aurait peut-être eu aucune suite. Je suis parfaitement sûre que les goûts ou les dégoûts des enfans sont extrêmement mobiles, et qu'ils ne durent souvent que par les idées que diverses circonstances peuvent y joindre. J'ai fait beaucoup d'observations à cet égard, et mes enfans les ont confirmées par l'expérience certaine qu'ils m'ont mise à même d'acquérir. Dioclès a toujours mangé à peu près de tout ce qui se présentait; mais, pour Julie, tu te rappelles sans doute combien elle était difficile, c'est-à-dire, du petit nombre d'aliment qu'elle aimait, puisqu'un jour elle ne trouva chez toi, dans un dîner très-abondamment fourni, qu'un seul mets dont elle pût manger, excepté pourtant le dessert, qui est toujours du goût des enfans. Eh bien! Julie, qui a constamment fort bon appétit, mange à présent de toutes les choses qu'elle n'aimait pas, sans que je l'aie jamais forcée en aucune manière. Celles qu'elle avait le plus en horreur lui semblent très-bonnes. Lorsque je lui rappelle qu'elle ne pouvait pas les souffrir, elle me dit: Cela me semblait bien mauvais; maintenant je le trouve bien bon.

Tu comprendras très-facilement, ma chère Victorine, en réfléchissant sur mes observations, que, si au lieu de consulter la nature et de favoriser sagement ses intentions, on n'a d'autres règles que ses propres fantaisies, et d'autres mesures que les préjugés de ses goûts ou de ses habitudes particulières, au lieu de perfectionner le caractère d'un enfant, on ne peut que le gâter; si à la manie de lui faire manger ce qu'il n'aime pas, on ajoute, par exemple, celle de lui refuser ce qu'il aime, comme cela arrive à beaucoup de personnes, il n'est point étonnant qu'il devienne gourmand et même voleur pour satisfaire ses véritables désirs, que la contrainte a rendu beaucoup plus vifs, et auxquels il n'a pas la possibilité de se livrer autrement. Tu peux être sûre, ma chère amie, qu'en ne forçant pas un enfant à manger les choses pour lesquelles il ressent une grande répugnance, et en lui accordant celles qu'il désire en quantité suffisante pour satisfaire son appétit, il ne sera pas gourmand. S'il a la conviction qu'il doit avoir, qu'on ne lui accorde ni ne lui refuse jamais rien par caprice, il sera obéissant sous le rapport de la nourriture comme sous les autres, par conséquent, il n'aura pas l'espèce de gourmandise qui est dangereuse; et quant à l'autre, c'est plutôt une disposition particulière qu'un véritable défaut.

Il y a, sur la manière de nourrir les enfans, une quantité d'idées et de manies dans les détails desquelles je ne veux pas entrer, parce qu'elles ne t'influenceront jamais. Parmi celles que je réfute, je suis même très-certaine qu'il y en a que tu n'aurais jamais adoptées, et dont tu aurais bien senti les inconvéniens toute seule; aussi je ne t'en parle que pour te mettre plus fortement en garde contre les conseils de ceux qui les ont érigées en préceptes, ou te donner les moyens de rendre facilement raison d'une conduite toute différente. Il y a des personnes qui ont pour règle de faire rester les enfans sur leur appétit, qui s'imaginent que tout ce qu'ils mangent leur fera mal, et qui voudraient pouvoir les nourrir de substances éthérées, tandis que d'autres, au contraire, les gorgent et les bourrent à toute heure de la journée d'alimens très-solides, dans l'espérance de les rendre ainsi très-forts et très-robustes. Ces personnes là ont également tort. L'appétit des enfans est relatif à leur tempérament; il doit être satisfait, mais non pas excité; on ne doit pas les priver de ce qu'ils ont besoin, ni les engager à manger plus qu'il n'est nécessaire, parce que cela est également mauvais pour leur santé; il faut encore dans ce point connaître son élève, et ne pas le juger d'après un autre, parce que dans tout ce qui regarde l'individu en particulier, les règles générales ne signifient rien. Il faut apprécier les véritables besoins d'un enfant, donner à la nature tout ce qu'elle demande, mais ne jamais l'exciter à prendre de la nourriture plus que son estomac n'en exige réellement. Malgré cela, si on n'avait pas sa véritable mesure, si on était obligé de donner dans un extrême, il vaudrait mieux, comme le dit le savant médecin dont je t'ai recommandé de lire l'ouvrage, lui en faire prendre une trop grande quantité que pas assez, parce que la nature a beaucoup de moyens pour se débarrasser de ce qu'elle a de trop, et qu'elle n'en a pas pour suppléer à ce qui lui manque.

Il faut, ma chère amie, savoir, en résumé, sur la gourmandise, que quand un enfant n'est gourmand que parce qu'il mange beaucoup, ce n'est rien; qu'en le surveillant et le dirigeant comme il faut, cela ne peut nuire en aucune façon à son moral; au contraire, s'il aime beaucoup les gâteaux, les sucreries et les friandises, c'est un moyen d'émulation très-facile, et dont on peut profiter sans aucun danger; mais quand la gourmandise n'est que l'effet d'un désir déréglé ou d'un caprice, quand, comme je te l'ai dit, il ne mange avec avidité que le fruit défendu, c'est un défaut dont il faut absolument le corriger. Pour réussir, il ne faut pas employer des discours ou des sermons, parce qu'ils sont presque toujours insuffisans, et même tout-à-fait inutiles avec beaucoup d'enfans. Il faut leur donner des leçons tirées des fautes mêmes qu'ils commettent, et savoir profiter, ou même faire naître des occasions et des circonstances convenables pour leur caractère, et propres à leur faire impression. C'est ainsi que j'ai été moi-même corrigée; et, comme ces leçons là ne s'oublient pas, l'impression que j'en ai reçue est encore présente à ma mémoire, et je puis te la rapporter comme un exemple de celles dont l'effet est toujours certain. Je n'ai jamais eu aucune disposition naturelle pour la gourmandise ; mais, malgré cela, comme j'ai été fort mal élevée, il est très-possible que je fusse devenue gourmande par imitation ou par désœuvrement, sans une leçon que le hasard me donna, qui me mit de très-bonne heure en garde contre mes tentations. Elle me montra la nécessité d'y résister, en me faisant connaître le danger d'y succomber. Mon père avait la coutume de prendre souvent certaines pilules; et, comme il les avalait dans sa première cuillerée de soupe, il y avait ordinairement sur la table une petite boîte que je connaissais bien pour renfermer une chose qui n'était point du tout de bon goût, qu'il mettait à côté de son assiette. Il arriva, par un accident dont je n'eus point connaissance, qu'un jour, comme il allait mettre ses pilules sur la table, la boîte se cassa; pour ne pas les perdre, il les mit dans une soucoupe, et les posa à leur place ordinaire. Le couvert était mis, on allait dîner lorsque j'arrivai dans la chambre : j'allai tout droit à ma place, qui était à côté de mon papa, et je vis, à la portée de ma petite main, une assiette pleine de dragées. Ces pilules étaient parfaitement rondes et très-blanches; elles avaient la forme de très-gros anis : je ne formai aucun doute sur leur nature; et, comptant me régaler beaucoup, j'en pris une sans demander permission, et la mis dans ma bouche. Mon père, qui tournait le dos à la table, mais qui m'observait dans une glace placée en face, se retourna au moment ou je la croquais, et me demanda en riant comment je la trouvais. Je ne répondis rien, et sortis en courant de la chambre pour aller la cracher. Soit la répugnance invincible que j'ai toujours eue pour les drogues, soit l'effort que j'avais fait pour la garder un peu de temps dans ma bouche, soit la composition particulière de cette pilule, soit enfin l'effet de la surprise et du contraste de l'attente avec la réalité, ou toutes ces impressions réunies, je ne saurais dire, mais il est impossible de te faire une idée de l'amertume et de la sensation épouvantable que cette prétendue dragée me fit éprouver. Je ne pouvais pas me débarrasser du goût affreux qu'elle m'avait laissé. Il me fut impossible de dîner : mon cœur se soulevait à chaque instant. Ce dégoût, joint aux railleries et aux remontrances de mon père, me firent une telle impression, que je me promis bien en moi-même qu'il ne m'arriverait plus de manger des choses qu'on ne m'aurait pas données, et je me suis tenue parole ; car je ne me souviens pas d'un seul autre trait de gourmandise. Celui-là se grava d'autant plus, que toutes les fois que mon père prenait de ses pilules, il ne manquait pas de m'en offrir en se moquant de moi. Tu sens bien, ma chère Victorine, que cette leçon, que je ne dus qu'à l'accident qui détruisit la boîte qui renfermait ces pilules, aurait pu parfaitement être calculé, et qu'il est très-facile de faire naître des circonstances qui puissent en donner de semblables aux enfans que l'on veut corriger.

C'est une règle générale, que toutes les leçons que l'on donne aux enfans doivent avoir pour but de leur prouver que ce qu'on leur a dit être mal ne peut jamais leur produire que du mal. Il est facile de trouver des moyens pour leur faire sentir cette conséquence dans toutes les choses matérielles, mais pour celles qui tiennent aux sentimens ou à la nature de l'âme, c'est d'une très-grande difficulté. Il est souvent bien malaisé de se rendre compte à soi-même des véritables causes des sentimens que l'on éprouve ou des pensées secrètes qui agitent; aussi, quand il est question de juger les effets et de remonter aux principes de celles qui font agir les enfans, il faut des observations si délicates et une étude si constante, que je crois qu'il n'y a qu'une mère capable de se livrer entièrement au travail qu'elles demandent. J.-J. Rousseau était de mon avis, bien que son système, qui n'était pas le résultat de l'expérience, l'ait éloigné en plusieurs points de la possibilité de l'application; car il dit, dans le commencement de son Emile : « Parlez toujours aux « femmes par préférence dans vos Traités « d'éducation; car, outre qu'elles sont à « portée d'y veiller de plus près que les « hommes, et qu'elles y influent toujours

« davantage, le succès les intéresse aussi « beaucoup plus. » D'ailleurs, les femmes en général observent beaucoup mieux que les hommes tout ce qui tient et tout ce qui dépend des affections intérieures; elles lisent dans le cœur et s'insinuent plus facilement dans tous ses replis par les seules lumières de leur nature, que les plus savans philosophes à l'aide de leur science et de leurs systèmes; aussi, c'est pourquoi je suis bien convaincue que, si l'éducation morale des enfans devenait l'objet réel et constant de leurs soins, elles y réussiraient beaucoup mieux que les hommes. Ah! que ne puis-je leur inspirer ce désir, et leur prouver aussi facilement qu'à toi, ma tendre amie, que la moralité, le bonheur et le perfectionnement de la société dépend en grande partie de l'éducation morale, c'est-à-dire, des principes et des règles de conduite qu'on a inculqué aux hommes dans leur enfance, et que, travailler à les rendre meilleurs ce serait travailler pour elles-mêmes, puisque le bonheur de notre sexe dépend presque toujours de leur volonté, et surtout de leur conduite à notre égard ! Il est si important, dans l'éducation des enfans, et en même temps si difficile de connaître exactement la nature de leurs sensations morales et la manière dont les facultés de l'âme se développent, qu'il est quelquefois impossible de ne pas gémir en écoutant les ridicules assertions de l'ignorance, ou les pédantesques déclamations de ces esprits systématiques qui n'ont jamais étudié les enfans que dans les livres de métaphysique. Ils ignorent, et sont peut-être incapables d'apprendre que les douleurs, les plaisirs, les craintes, les angoisses que l'on fait éprouver à ces innocentes créatures deviennent les causes motrices qui font agir les ressorts secrets et jusque-là inactifs des facultés ou des instrumens de l'âme. C'est avec ces moyens qu'on influe sur leur bonheur actuel et futur, qu'on refoule, dilate, agrandit ou diminue la sphère de leur individualité. Plus les enfans sont aimans et sensibles, plus ils sont ardens et passionnés, plus il est facile de les froisser, de leur nuire, et souvent de les briser. Je t'ai déjà parlé de tout cela en général, ma chère

Victorine, et il est impossible de particulariser ces idées et de les étendre en écrivant à toutes les choses auxquelles elles peuvent s'appliquer; mais, pour te donner un exemple qui puisse te faire juger de quelle manière on peut influer sur leur caractère, et nuire au développement de leur être par le genre des émotions qu'on leur fait éprouver, je te signalerai un sentiment assez commun parmi eux, dont tout le monde parle, que l'on traite souvent fort légèrement, mais qui peut donner la preuve de l'importance qu'il faut mettre à connaître l'étendue et la forme des facultés de leur âme, et surtout la nature des sensations morales que les diverses affections particulières produisent sur l'ensemble de l'être intérieur : je veux parler de la jalousie. Ce sentiment se manifeste quelquefois chez les enfans dès le berceau, et peut exercer sur eux une très-grande influence morale et physique.

La jalousie est en elle-même une chose assez difficile à définir, car elle s'applique à tout, parcourt toutes les époques de la vie sous différentes formes, se modifie par toutes les différentes nuances des différens caractères, et peut se métamorphoser de mille manières. On est jaloux par amour, par vanité, par envie, par méchanceté, et par tous les sentimens qui peuvent inspirer des passions; mais il est possible d'être jaloux sans passion, puisque les enfans le sont très-souvent. La jalousie est inspirée par la crainte de perdre ce qu'on possède, par le regret de ne pas pouvoir obtenir ce qu'on désire, ou par la douleur de voir accorder à son rival ce qu'on croyait mériter davantage. Mais il y a une autre espèce de jalousie, ou plutôt un autre sentiment qu'on appelle aussi jalousie, quoiqu'il diffère essentiellement dans ses causes et dans ses effets. Celle-là, n'est qu'une sorte de douleur qui froisse l'âme, la blesse, la déchire dans tous les sens; mais n'entraîne avec elle ni aveuglement, ni colère, ni vengeance. Une grande sensibilité, jointe à une grande exaltation d'imagination, rendent susceptible de cette sorte d'affection, qui peut dégénérer en mélancolie et en maladie morale,

C'est seulement de celle-là que les enfans bons et bien organisés peuvent être atteints. Quand ils paraissent jaloux d'une autre façon, ce n'est pas encore la jalousie, ce n'est que la preuve de l'existence des causes qui pourront un jour la faire naître. S'ils s'attristent en voyant à un autre des joujoux plus beaux que les leurs, s'ils s'efforcent de rabaisser le petit camarade ou la petite amie qu'ils ont entendu vanter, c'est que l'amour d'eux-mêmes est le sentiment le plus développé de tout leur individu; ils se préfèrent à tout, et voudraient que toutes les personnes qui les approchent en fissent autant. Ils s'irritent quand ils voient un autre posséder une chose qui leur plaît, parce qu'ils s'imaginent qu'ils la méritent beaucoup plus, ou qu'elle leur conviendrait mieux. Ensuite il est pour eux, comme pour les grandes personnes, plus commode d'accuser les gens qui louent de partialité et d'injustice que de se mettre en état d'obtenir leurs suffrages. On dit que ma sœur ou bien que mon frère est plus aimable que moi, qu'il apprend mieux : C'est qu'on l'aime davantage, se répète tout bas l'enfant indifférent et vaniteux; c'est un traître qui étudie pour me nuire, pense en lui-même l'enfant méchant et sournois; et l'instituteur qui voudra rendre celui-là bon et sensible aura fort à faire pour réussir. Cette sorte de jalousie, ou cet égoïsme des enfans, est la première que j'ai remarquée; et je ne pensais pas qu'il pût en exister une autre. Julie m'en a fait voir un exemple; mais cette expérience m'a été pénible; elle a failli coûter la vie à ma fille. Si la tienne, ma chère Victorine, se trouvait avoir une sensibilité aussi profonde, et une imagination aussi facile à exalter, il faudrait y faire une sérieuse attention, s'il te venait un autre enfant, et prendre les précautions nécessaires pour éviter le mal que mon inexpérience m'empêcha de pressentir. Il est facile à empêcher lorsqu'on le prévoit et qu'on y pense à temps; mais lorsqu'on ne s'en occupe pas, il est fort dangereux par la déviation qu'il peut faire prendre au caractère, et les influences qu'il peut obtenir sur le moral. Julie avait, comme tu sais, quatre ans et demi lorsque son frère vint au monde,

Je l'aimais avec une tendresse excessive, et tous les momens que je n'étais pas forcée de donner entièrement à mes occupations lui étaient consacrés. Elle était l'objet exclusif de mes soins, et s'en était fait une douce habitude. Lorsque son frère naquit, je fus nécessairement obligée de me partager entre elle et lui, puisque, donnant mes leçons comme à l'ordinaire, je n'avais pour les deux que le même espace de temps que ma fille avait jusque-là occupé tout entier, encore sa moitié se trouvait-elle la plus petite, parce que naturellement le plus jeune m'occupait davantage. Dioclès était, en venant au monde, un enfant étonnant, pour la force et l'intelligence; à quinze jours, il riait et répondait par de petits cris et des petites mines aux discours qu'on lui adressait, comme un enfant de trois ou quatre mois. Toutes les personnes qui le voyaient, se récriaient sur sa gentillesse, et celles qui avaient vu Julie à cet âge, trouvaient qu'il promettait davantage. Son papa surtout répétait souvent : Quelle différence! Julie ne faisait pas comme cela! Julie n'était pas si aimable! Julie ne riait pas ! Julie, en effet, beaucoup plus délicate en venant au monde, moins développée et plus sérieuse, n'avait ri pour la première fois qu'à deux mois et demi. Malgré cette différence, Julie m'a donné beaucoup moins de peine à élever et à diriger moralement jusqu'à deux ou trois ans ; elle était même à cet âge plus avancée que son frère sous beaucoup de rapports, parce que plusieurs accidens extérieurs influèrent sur lui à l'époque de sa première dentition, et comprimèrent son développement. Julie, qui avait déjà souffert dans son moral par l'éloignement où des suites de couches fort pénibles l'avaient tenues de moi, entendait toutes les comparaisons désavantageuses que l'on faisait d'elle avec son petit frère. Ce n'était plus moi qui la peignais, qui l'habillais ; j'étais forcée de le faire faire par la bonne, tandis que je baignais Dioclès, ou que je m'en occupais d'une autre façon ; et elle ne se trouvait pas bien de ce changement. Ses cheveux étaient difficiles à démêler, parce qu'ils étaient fort longs et tous bouclés ; elle disait que sa bonne lui faisait mal ; elle pleurait, son papa, qui entendait du bruit, venait, la grondait, et toutes ces petites choses réunies augmentaient l'impression que les autres lui faisaient, au point qu'elles lui inspirèrent une mélancolie dont les suites faillirent la tuer. Dioclès avait un mois ou six semaines lorsque je m'aperçus du chagrin qu'elle éprouvait, et le mal avait déjà jeté de si profondes racines, qu'il m'a fallu les plus grands soins et plus d'une année pour le guérir. Voici comment je le découvris : J'étais assise avec mon fils sur mes genoux, et Julie à côté de moi ; je venais de lui donner à téter, et je jouais avec lui comme font toutes les mères, et comme sûrement tu fais avec ta fille. Je lui adressais toutes sortes de noms affectueux, et je finis par l'appeler mon petit ami. Julie, à qui je ne prenais pas garde, me dit alors avec un accent que je n'oublierai de ma vie : Et moi, maman, est-ce que je ne suis plus ton amie ?... Ces mots pénétrèrent mon cœur : je la regardai ; sa tête était penchée vers moi, ses grands cheveux noirs couvraient la moitié de sa petite figure, que son émotion avait un peu décolorée. De grosses larmes roulaient dans ses yeux, et sa poitrine était fortement oppressée. Je lus à l'instant dans son âme le sentiment qui la déchirait, et je me reprochais bien de n'avoir pas mis plus de soins et de force à l'empêcher de naître : mais il n'était plus temps ; je lui dis tout ce que ma tendresse put me suggérer pour la rassurer et la tranquilliser ; et comme mes paroles étaient aussi sincères que mes caresses étaient tendres, je l'aurais, je crois, guérie très-vite, si j'avais été seule avec elle ; mais je n'étais pas entièrement la maîtresse ; je ne pouvais pas diriger la conduite des autres personnes, ni leur dicter leurs discours : j'avais beau les prier en particulier de prendre garde, de s'observer, c'était presque toujours peine perdue. Je faisais bien tout ce que je pouvais pour contre-balancer l'effet des comparaisons désavantageuses entre elle et son frère ; je disais toujours aux personnes qui les faisaient qu'elles se trompaient, et je leur citais des faits qui prouvaient le contraire, ou, au moins, que je n'étais pas de leur avis ; mais les louanges que je donnais à ses premières années n'étaient qu'un correctif, et je ne pouvais pas empêcher une foule d'autres choses de continuer à lui faire impression. Ensuite, en voulant lui faire bien, je me fis tort à moi, parce que les personnes qui ne connaissaient pas mes motifs jugèrent, d'après ces apparences, que je l'aimais mieux que son frère, et prirent à tâche de me faire revenir de ce qu'elles appelaient mes préventions pour elle. Pour réussir, on me faisait toutes sortes d'observations sur son caractère : elle était exigeante ; elle n'aimait point son frère ; il fallait bien prendre garde à ceci : elle avait dit cela à telle pensionnaire ; l'autre l'avait vu agir ainsi. J'avais fort à faire pour parer à tant d'inconvéniens, et ma position me mettait dans l'impossibilité de les éviter tous. Aussi, malgré mes soins, de grasse et fraîche qu'elle était, elle devint maigre et pâle ; son humeur s'altéra comme sa figure. Elle, qui jusque-là avait été si douce et si docile, devint impatiente et souvent maussade ; une petite fièvre nerveuse la minait sourdement : j'avais bien de la peine à la faire manger, et encore davantage à la faire jouer ; enfin, il est bien certain que si, moins attentive ou plus docile aux conseils que l'on me donnait, j'eusse employé des moyens de sévérité, elle serait tombée dans l'étisie ou le marasme. Mais je laissais dire à toutes les personnes qui le voulurent que je la gâtais, et je la guéris. Je m'aperçus que toutes les fois que je donnais à téter à son frère, elle regardait mon sein d'un œil d'envie : veux-tu téter aussi, lui dis-je aussitôt, je t'en donnerai ? et, à chaque fois que je tenais son frère d'un côté, je lui offrais l'autre. Elle essayait souvent, et puis elle avait peur de me faire mal ; elle aurait voulu que je lui fisse boire mon lait dans un verre ; mais je lui fis comprendre que je ne pouvais pas ôter à son petit frère la seule nourriture qu'il pût prendre pour la lui donner à elle, qui pouvait manger de toutes sortes de choses, sans compter les bonbons et les gâteaux qu'elle ne pouvait pas partager avec lui. Malgré toutes ces précautions, je ne parvins à une guérison parfaite qu'au bout d'un an, et parce qu'alors plusieurs choses y contribuèrent. Son frère, commença à jouer avec elle ; il n'était plus aussi constamment dans mes bras ; je pouvais plus facilement m'occuper de tous deux à la fois, et surtout les comparaisons qui s'épuisèrent, parce que Dioclès ne soutint pas sa supériorité dans tout ; au contraire, on était forcé de convenir qu'il lui était inférieur sous plusieurs rapports : par exemple, sous celui de la propreté. Julie, à huit mois, était parfaitement propre le jour ; bien qu'elle ne pût pas parler, je lui avais appris à faire un petit signe auquel elle ne manquait jamais, tandis que son frère avait plus d'un an lorsqu'il commença à demander tout seul ; ensuite Julie, toujours en blanc, pleurait lorsqu'elle voyait une tache sur sa robe ; au lieu que le petit sale de Dioclès n'avait pas de plus grand amusement que de barboter dans la terre. Pour n'être pas obligée de le priver d'un si grand plaisir quand il allait au jardin, je lui avais fait une blouse de toile bleue, qui lui nouait au col, et l'enveloppait entièrement. Je la lui mettais pour n'être pas obligée de lui changer de linge quatre ou cinq fois par jour. Encore, Julie avait toujours été fort tranquille, au lieu que lui, petit turbulent, criait ou tapageait sans cesse; mais cela n'importunait que son papa. Sa sœur lui pardonnait facilement de casser ses joujoux, de lui tirer les cheveux, pourvu que je ne l'aimasse pas davantage qu'elle. Cette chère enfant ne savait pas alors ce qu'elle sait bien maintenant, et ce que la venue de Théonice lui a clairement démontré : c'est que le cœur d'une mère se multiplie en se divisant, et que l'amour maternel, bien différent de l'autre, peut recommencer sans avoir fini, et se partager sans rien perdre de sa force. A l'époque de ses dents de sept ans, Julie était heureusement parfaitement guérie; si par malheur son frère fût né deux ou trois ans plus tard, et que les circonstances eussent été les mêmes, ma fille n'aurait pas pu supporter cette crise; ou, si elle en avait triomphé, ce n'aurait certainement été qu'au dépend de son moral. Ce sentiment, qu'il faut appeler jalousie, puisqu'il n'y a pas d'autre nom pour le désigner, n'a jamais influé sur l'affection qu'elle devait avoir pour son frère. Tu as pu juger par toi-même qu'il est fort loin d'avoir nui à son amitié fraternelle ; car il serait bien difficile de voir des enfans s'aimer davantage. Dans leurs études comme dans leurs jeux, ils sont toujours de moitié, et leurs querelles autant que leurs caresses prouvent l'attachement qu'ils ont l'un pour l'autre. Ils se partagent et se disputent de même l'affection et le soin de leur petite sœur, qui, bien que d'un carratère différent, a pourtant de commun avec eux la bonté et la sensibilité.

Il est à remarquer, pour bien comprendre la nature de l'affection qu'éprouva Julie, que si Dioclès fût venu le premier à la place de sa sœur, il n'aurait point éprouvé la même crainte. Organisé pour faire un homme, ses sensations n'ont pas le même caractère. Aimant, bon et sensible, mais destiné à l'indépendance, il n'a pas cette timidité de cœur, cette conscience de faiblesse, qui fait sentir à une femme que le bien être et le repos de sa vie dépendra d'un autre; et que de l'étendue du sentiment qu'elle inspirera, naîtra celle de son bonheur. Le caractère d'un homme doit être de soumettre et de protéger; ces affections se répandent au-dehors comme pour chercher l'occasion d'en conquérir de semblables. Tout ce que peut faire une femme, c'est de choisir son maître. Elle doit trouver en lui un guide et un protecteur dévoué; mais comment se contenter de la protection d'un maître quand il a cessé de vous aimer? Puisqu'elle ne peut obtenir d'influence que par les émanations de son âme, elle doit redouter bien davantage d'en perdre le fruit. Rien ne saurait le compenser pour elle. Une petite fille aime sa mère ou son père, comme elle aimera son mari et ses enfans. Tout son bonheur dépend de leur tendresse; la crainte de leur indifférence doit faire sa plus grande peine.

On voit quelquefois, dans les affections de l'âme et du cœur, comme dans les goûts matériels, l'instinct de la nature se manifester dès le berceau, mais plus souvent il reste muet dans les premières années. De même si on peut distinguer le caractère des différens sexes dans des enfans encore à la mamelle, ordinairement il ne se fait remarquer qu'à l'âge de sept ou huit ans, et d'autres ne le laissent apercevoir seulement qu'à l'époque de la puberté. Ces différentes dispositions doivent nécessairement modifier la nature des soins que l'éducation demande, et c'est principalement à cause de la grande différence que le développement précoce ou tardif des enfans peut apporter dans les formes morales de leur individu, et des erreurs où ces apparences trompeuses peuvent conduire, qu'il est si important de connaître la force d'impulsion que la vie leur a donnée, et l'étendue des modifications que les choses extérieures peuvent produire sur eux. J'ai tâché, autant que je l'ai pu, ma chère amie, de t'aplanir quelques-unes des plus grandes difficultés, et j'espère que tu pourras trouver dans cet écrit les moyens de distinguer parmi les règles générales celles qui peuvent s'appliquer à ta fille, ou la meilleure manière de les lui rendre applicables. J'ai tâché aussi de te prémunir contre les fautes que l'on commet généralement dans l'éducation vulgaire ; mais je ne t'ai certainement pas dit tout ce qui est possible et tout ce qui te serait utile. J'ai tâché seulement de poser les bases principales et de fixer ton attention sur les points qui me paraissent les plus importans. Je reviendrai sur plusieurs choses que je n'ai pas assez développées en parlant de l'éducation des filles en particulier, si je puis, d'ici au moment que tu en auras besoin, recouvrer assez de liberté d'esprit pour pouvoir exécuter mon projet. Je ne m'étendrai pas davantage pour le présent sur les principes de la première éducation, parce qu'il faut, pour tenir entièrement ma promesse, que j'ajoute à la manière d'élever les enfans celle de les instruire, et que si j'entrais dans beaucoup de détails, je ne pourrais pas finir mon ouvrage assez tôt pour que tu aies le temps de méditer les préceptes qu'il renferme avant de les mettre en pratique. Il faut que je te laisse cette possibilité, car ce n'est, comme je te l'ai dit en commençant, qu'en te les rendant assez familiers pour qu'ils paraissent t'appartenir, que tu peux espérer d'en retirer un avantage certain.

Je vais maintenant, bonne et tendre amie, copier ceci et te l'envoyer le plus tôt possible. Quand je l'aurai mis au net, je m'occuperai de la partie correspondante, c'est-à-dire, de l'instruction des enfans jusqu'à l'âge de sept ou neuf ans, espace de temps que comprend à peu près la partie de l'éducation que je viens de traiter. En te disant quelles sont les choses que je pense que l'on doit apprendre aux enfans de cet âge, et comment il faut les leur enseigner pour les instruire sans les fatiguer ni les ennuyer, je t'aurai fait le précis de ce que j'ai fait, et de ce que je crois le plus utile de faire dans l'ensemble de la première éducation. Je te ferai part de mes idées et de ma méthode, dans la partie instructive, de la même manière que je l'ai fait pour l'autre; si tu n'y trouves pas du talent, tu y trouveras au moins des vérités et la connaissance des choses dont je parle, car tu sais bien que ce n'est pas ma théorie que j'ai mise en pratique avec les enfans; mais l'expérience des enfans qui m'a donné ma théorie dans la manière de les diriger moralement, comme dans celle de les instruire.

FIN.

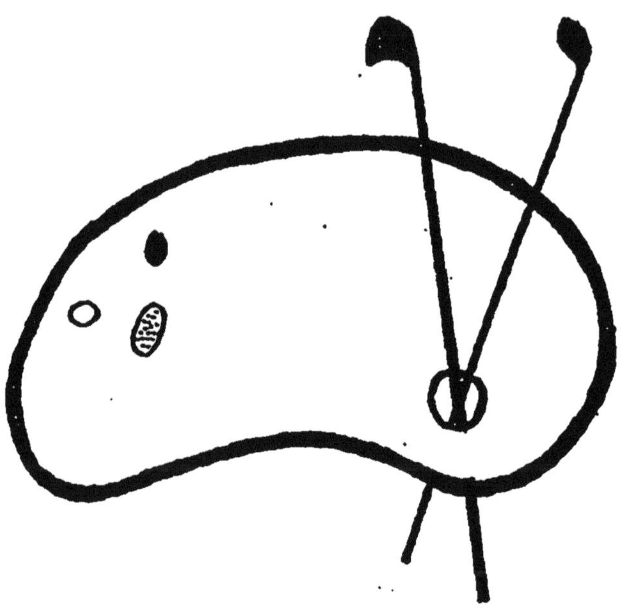

www.ingramcontent.com/pod-product-compliance
Ingram Content Group UK Ltd.
Pitfield, Milton Keynes, MK11 3LW, UK
UKHW021936200726
13855UKWH00007B/256